한반도 통일의 주역이 될 우리에게

역사는 말한다

황 채 지음

한반도 통일의 주역이 될 우리에게
역사는 말한다

2018년 5월 30일 초판 1쇄 발행

지은이　황 채
펴낸곳　세창문화사
편집　송은주
디자인　전홍준

제작　김홍기
인쇄　강동훈
제본　허영아, 황대열

주소　경기도 수원시 장안구 천천로 233, 5층
전화번호　1544-1466
팩스　031-269-6366

ISBN　979-11-86904-34-3

이 책의 판권은 지은이와 세창문화사에 있습니다.

어둠의 역사,
수난의 역사라고 하여
망각 속에 내버려 둔다면
　　우리에게 미래는 없다.

시작하는 글

오늘날 '세계화'가 대세라지만 중국과 일본이 경제력을 바탕으로 군사대국화를 추진하고 있는 동아시아지역은 사정이 달라 보인다. 급속히 성장한 경제력을 발판으로 한창 떠오르는 중국이 경제적·군사적으로 미국의 패권에 도전장을 내면서 미국은 100여 년 전 동아시아 패권을 쥐었던 일본과 함께 중국을 강력하게 견제하기 시작했다. 동아시아 패권 다툼이 점점 가열되면서 미국과 중국, 일본으로부터 선택을 강요받고 있는 우리에게 역사가 주는 교훈은 무엇일까? 우리는 어떻게 살아왔고, 또 어떻게 살아야 할까?

지난 100여 년 동안 이 땅에서 일어났던 사건들을 살펴보면, 노론의 벼슬아치들이 나라를 팔아먹으면서 우리 민족은 일제와 제대로 싸워보지도 못한 채 나라를 잃었었다. 책무를 저버린 벼슬아치에게 온 백성이 망국이라는 사기를 당한 것이다. 그 후 나라 잃은 백성은 말과 글도 잃고 일본식 성명을 강요당하며 식민지 노예로 살아야 했다. 36년 동안 우리 부모세대는 사람이 어찌 그럴 수 있나 하는 의문이 들 정도로 악랄한 일제의 착취와 억압 아래 살아야했다.

일제 식민지 치하에서 공출과 강제노역, 징병, 일본군 성 노예 등으로 끌려간 우리 민족의 아픔을 무엇으로 다 표현할 수 있을까? 수많은 광복애국지사가 전쟁터에서, 감옥에서, 추위와 허기와 고문으로 눈도 제대로 감지 못한 채 숨을 거두었다. 그리고 만주벌판, 중앙아시아, 사할린, 태평양의 크고 작은 여러 섬 등 일제에 의해 여기저기 강제로 끌려가서 백골로 흩어진 동포는 또 얼마인가?

일제의 패전으로 겨우 해방을 맞았으나 항복한 일본군은 미군이 상륙할 때까지 이 땅에서 무력통치를 계속하였고, 조국 광복을 위해서 일제와 싸웠던 임시정부 요인들과 광복군은 국민적인 환영이 아니라 마치 무슨 잘못을 저지르고 남의 나라에 숨어들듯이 몰래 귀국하였다. 미국이 한국과 한국인을 생각하는 것은 그 정도에 불과했다. 그리고 이 땅은 남과 북으로 분난뇌어 따로따로 정부를 수립하였다.

이 비극적인 분단은 어디서부터 시작된 것일까? 생각하건대, 그 원인 중 하나는 사대주의이다. 사대주의로 우리의 정신이 병들면서 자주성을 잃어버렸으니 그 끝은 망국이었고, 어쩌다 해방은 되었으나 우리 손에 의한 해방이 아니었으니 그 대가가 분단이었다.

해방 후 남한은 불행하게도 친일 매국노를 청산하지 못했다. 오로지 개인의 영달을 위해 나라를 팔아먹고 민족을 절망의 나락에 빠뜨린 반역자 매국노 무리와 그 후손들은 지금도 온갖 궤변으로 진실을 은폐하거나 호도하며 오히려 애국자의 후손인 양 거드름을 피우고 있다. 우리처럼 반역자 매국노를 처단하지 못한 나라가 세상에 또 있을까? 그 후 동족끼리 싸운 한국전쟁을 전후로 보도연맹이니 좌익이니 부역이니 하며 학살당한 민간인이 전사한 군인보다 더 많았고, 간신히 정전을 맞이하였으나 휴전협정에 남한은 당사자로 참여를 안 한 건지 못 한 건지 제외되었다. 누구를, 무엇을 위한 전쟁이었는지 알 수 없는 휴전이었고, 그 전쟁의 검은 그림자는 여전히 이 땅에 사는 사람들 곁에서 서성거리고 있다.

남과 북이 전쟁을 치른 이후 휴전상태로 65년째 우리 겨레는 서로 원수처럼 대치해왔다. 2차 세계대전이 끝나면서 외세에 의해 분단되었던 지구촌 곳곳의 나라들은 모두 통일을 이루었으나 우리는 여전히 분단된 채 사대로 연명해온 것이다. 이런 상태에서 남·북으로 이산된 가족은 피눈물을 흘리며 하나둘 스러져가고 있다. 4월 27일 남북정상회담의 성과로 얼마 남지 않은 이산가족에게 실낱같은 희망의 서광이 비추긴 했지만 서둘러야 할 것이다. 이번에야 말로 남과 북은 이산된 겨레의 뼈에 사무친 한과 상처를 정치놀이의 수단으로 이용하지 않아야 할 것이다. 세상에 이런 나라, 이런 민족이 또 있을까?

오늘날 중국은 '동북공정'을 외치고 있다. 고구려의 역사를 중국의 역사라는 '동북공정'의 정체는 과연 무엇일까? 중국은 왜 만리장성을 축조하였으며, 중국의 옛 수도는 왜 요동에서 멀고먼 시안이었나? 일천사백여 년 긴 세월 동안 그 자리에 그대로 서 있던 광개토호태왕 능비는 왜 19세기 말에 발견되었나? 만주 땅이 언제부터 중국의 땅이 되었나? 중국이 펼치는 '동북공정'은 우리에게서 이런 의문을 차단하기 위한 포석이 분명하다.

일본은 그들의 죄악에 대한 진정한 참회와 사죄를 하는 대신 지금도 독도 망언, 역사 왜곡을 자행하고 있으니 끔찍한 피해를 본 우리는 슬픔과 분노를 억누르며 미래를 위해서 일본을 용서하고 싶어도 할 수가 없다. 저지른 죄와 잘못을 인정하지도 않고 용서를 청하지도 않는데 누가 누구를 용서할 수 있을까? 우리는 이렇게 무시와 우롱을 당해도 제대로 항의조차 제대로 못 하고 그저 그렇게 적당하게 넘기며 헛기침이나 하고 있다. 우리에게는 분명 병이 있다. 그것도 아주 큰 병이다. 우리는 외세에 의존하다 망국이라는 아주 쓴 맛을 본 민족이다. 세상에 공짜가 어디 있을까. 사대주의로 자주성을 잃고 식민 지배까지 당하면서 우리의 역사와 삶과 가치관은 뒤틀릴 대로 뒤틀려버렸으나 그 병을 고치려는 각성과 노력은 지금도 미흡하기만 하다. 우리는 언제까지 중국과 일본의 역사 왜곡과 멸시를 받을 것인가? 중국과 일본이, 아니면 미국이 우리에게 답을 줄까?

우리가 역사를 알아야 하는 이유는 과거로부터 해방되기 위해서이다. 우리가 어떻게 살아왔는지 그 질곡의 역사를 잊어버린다면, 우리가 어떻게 살아야 하는지 역사에서 교훈을 배우지 못한다면, 우리는 결코 제대로 서지 못할 것이다.

황채의 辯

차례

제1편 망각과 왜곡의 역사

1. 중화민족 ··· 12
2. 고구려와 동북 3성 ·· 17
   - 가. 왜 고구려인가 ·· 21
   - 나. 대제국 고구려 ·· 27
   - 다. 평화를 택한 영류태왕 ·· 32
   - 라. 고구려의 자존심 연개소문 ···································· 38
   - 마. 1차 고·당 전쟁과 당의 역사 조작 ······················· 53
   - 바. 2차 고·당 전쟁과 승리한 고구려의 내분 발생 ····· 66
   - 사. 3차 고·당 전쟁 ·· 87
   - 아. 사라진 역사서 ·· 101
   - 자. 고구려인 20만 명 중국 변방으로 ······················ 104
   - 차. 알지 못하는 민족의 영웅호걸들 ························· 106
   - 카. 연개소문의 사망 시기 ·· 107
   - 타. 연개소문은 이렇게 말했다 ·································· 111
   - 파. 전사들의 나라 ·· 118
3. 백제군은 나·당 연합군과 어떻게 싸웠을까 ············· 125
4. 광개토호태왕 능비 ·· 144
5. 칠지도 ·· 154

제2편 굴절과 멍에의 역사

1. 진주성 ··· 166
2. 사대와 사대주의 ·· 181
3. 헤이트 스피치와 쥬고엔 고쥬센 ······································ 189
4. 각성이 지체 ·· 199
5. 대한조국주권수호일념비 ·· 206
6. 잊고 있는 것 ·· 216
7. 부끄러운 것 ·· 224

제3편 역사가 주는 교훈

1. 세상에 공짜는 없다 ·· 232
2. 나라의 우환거리 ·· 242
3. 버리지 못한 것 ·· 250

한반도
　통일의
　　주역이 될
　　　우리에게

　　역사는
　　　말한다.

제1편

망각과 왜곡의 역사

1. 중화민족

오늘날 중국은 '한족' 대신 '중화민족'이라는 용어를 사용하고 있다. 인구가 수백만 명에 불과한데도 수억 명의 중국인을 지배하던 만주족 축출에 성공하자 그동안 한족만의 민족국가를 부르짖던 중국이 '중화민족'이라는 말을 만들어냈다. 왜 중국이 갑자기 '중화민족'을 외치는 것일까?

중국에는 한족 외에 55개 소수민족이 있으나 그 인구 비율은 대략 8% 남짓에 불과하니 중국이 말하는 '중화민족'이란 사실상 한족화이다.

중국은 '중화민족' 외에 '내전'이라는 말도 만들어 함께 사용하고 있다. 지금 중국은 신강 위구르 자치구나 티베트, 만주 등에 한족을 이주시켜 소수민족들의 유전자를 희석하고자 몰두하는 한편 동북공정·서남공정·서북공정들의 역사 프로젝트를 통해 중국 땅에 사는 여러 소수민족의 민족의식을 없애려 하고 있다. 이제까지 장족(티베트), 만주족, 위구르족(신강), 묘족 등 수많은 소수민족들이 자기 땅을 지키기 위해서 한족과 치룬 전쟁은 모두 중국 속에서의 '내전'이었을 뿐이라는 것이다.

우리 한민족과 관련하여서, 중국은 동북공정을 통해서 고구려 멸망 후 고구려 유민이 중국 한족에 융합되었으니 고구려 사람은 '중화민족'이고 '고구려의 역사' 또한 중국의 역사라고 한다. 10여 년 전에는 고구려가 만주에서 한반도 평양으로 천도한 후의 역사는 한국사라고 하더니 이제는 그마저도 사라졌다.

오늘날 중국 정부는 중국 땅의 소수민족이 자신들의 언어와 문화를 배우는 것은 허용하나 역사와 지리의 학습은 금지한다. 재중 교포들의 경우 1957년 민족 정풍운동 이후 조선의 역사와 지리에 대한 학습이 금지됐다. 동북 3성에 사는 조선족의 민족의식을 없애려는 것이다.

세월이 흐르면서 지금 젊은 조선족들은 자기 민족의 역사를 배우지 못해 고구려, 백제, 신라 등을 모르는 경우가 많다고 한다. 이렇게 조선족이 자신들의 정체성을 점점 잃어가고 있으니 언젠가는 말과 글까지 잃게 될 것이다.

'중화사상'이란 중국이 세계의 중심이고 그 밖의 나라는 오랑캐로 천시하는 사상이니, 중국인들이 세계에서 가장 문명한 민족이고 우월하다는 것이다. 과연 세상의 중심이라는 중국은 '모든 인간은 자유롭고 평등하며 존엄하다'는 인권을 인간이 가지는 당연한 권리로 인정하는 나라일까? 그래서 중국은 다른 나라와 민족의 평화적 생존권을 인정하여 침략 전쟁을 모르는 나라일까?

유감스럽게도 중화사상을 가지고 있는 중국은 그렇지 않았다. 중국은 그들보다 약한 민족이 사는 땅을 점령하면 맨 먼저 그 역사서를 불태우고 말살 왜곡하여 왔다. 그렇지만 아무리 역사를 말살하고 왜곡하여도 살아남은 소수민족 그 자체가 역사의 진실을 전해주고 있으니, 중국의 그 넓은 땅과 수많은 소수민족은 옛날부터 중국이 침략전쟁으로 남의 땅을 병합하여 왔음을 보여주는 명확한 증거이다.

오늘날 중국은 패전하거나 항복한 나라와 소수민족에게 그때의 전쟁은 침략이 아니라 '내전'이었다고 호도하고 있다. 중국의 그 '내전'은 지금도 계속되고 있으며 아마 앞으로도 계속될 것이다.

중국은 한족 외에 55개 소수민족으로 구성되어 있다. 그런데 공식적으로 러시아가 131개 민족으로 소수민족이 더 많으며, 미국에는 흑인·백인·황인 등 지구상 거의 모든 인종이 뒤섞여 산다. 그러면 중국보다 더 많은 민족과 인종으로 구성된 러시아와 미국은 '러시아

민족', '미국민족'이라고 하는가? 아니다. 유독 중국만 '중화민족'이란 말을 만들어 사용한다. 아마 중국은 이 말을 '내전'이라는 말과 함께 100년, 200년 계속 사용하면 결국은 '중화민족'이란 새로운 민족 이름이 정착할 것이라 계산하고 있을 것이다.

이것은 일본제국의 식민지정책과 달라 보이지 않는다. 아시아태평양전쟁 당시 일제는 침략을 합리화하기 위해 동아시아 지역에서 구미의 식민지 지배를 타파하고 아시아 모든 민족의 해방을 위한다는 허울 아래 서로 다른 민족과 국가를 일본을 중심으로 하나의 세력권으로 묶는 '대동아공영권' 결성을 주장하며 침략 전쟁을 정당화했다. 이와 함께 일제는 식민지 조선에 '내선일체'를 강령으로 내세우며 일본 왕에게 충성맹세 강요, 신사참배 의무화, 일본식 성명 강요 및 조선어 교육 폐지와 일본어 사용을 강제하여 한국인의 민족의식 말살을 획책하였다. 당시 일본의 한반도 정책은 '희석'이 아니라 '말살'이었다.

지금 한창 경제력과 군사력이 세계 최고라는 망상에 빠진 중국은 자기들 심기를 조금이라도 건드리는 나라가 있으면 손을 보겠다며 마치 제국주의 시대의 패권국처럼 대놓고 위협을 하고 있다. 한국도 그 피해 당사국의 하나이다.

다른 나라가 인권문제를 거론하면 내정간섭이라며 발끈하는 중국이 사드 배치와 관련하여 한국에 온갖 경제보복과 함께 엄포를 놓고 있으니 이것이야말로 한국의 내정에 간섭하는 것이다. 우리가 이런 중국의 사드보복에 몇 푼어치 물건을 더 팔겠다고 굴복한다면, 그것은 그야말로 우리가 '배만 부르면 만족하는 개·돼지'에 불과함을 스스로 인정하는 꼴이 될 것이다.

중화민족이란 말이 좋아 중화민족이지 그 실체는 한족에 동화되는 것을 의미한다. 정말 고구려 사람을 비롯한 중국 내의 조선족들은 그들의 정체성을 잃어버리고 한족으로 동화되었을까? 또 고구려의 역사를 중국의 역사라고 하여도 우리에게 아무런 문제가 없을까?

2. 고구려와 동북 3성

오래전부터 황하 문명을 세계 4대 문명 중의 하나라고 자랑하며 원나라와 청나라 역사도 자기네 역사라고 떠들던 중국이 이제는 황하 문명 대신 '홍산 문명'을, 그리고 동북공정을 외치고 있다. 왜 갑자기 '홍산 문명'일까?

'홍산 문명'은 일본의 인류학자 도리이 류조에 의해 1908년 처음 발견되었는데, 연대는 기원전 4700년에서 기원전 2900년경으로 적봉, 능원, 건평, 조양 등 500여 곳의 유적이다. 유적은 연산산맥의 북쪽 요하 지류의 서요하 상류 부근에 널리 분포하고 있다. 중국에 의해 1980년대부터 본격적인 발굴이 이루어지면서 요하 일대의 신석기문화를 새로운 문명으로 보아 '요하 문명'으로 부르고 있다.

요하 유역에서 새로운 유적들이 계속 발견됨에 따라 도리이 류조의 처음 발견 당시의 추정보다 연대가 훨씬 오래된 기원전 8000년까지 인상되었다. 이에 따라 요하 문명은 황하 문명의 영향을 받은 아류 문화가 아니라 오히려 황하 문명의 원류가 아닌지 주목받고 있다. 황하 문명이 세계 4대 문명의 하나라고 자랑하던 중국은 2003년 6월부터 중화문명탐원공정을 통하여 황하 문명보다 빠른 요하 문명을 중화 문명의 뿌리로 규정하고 있다. 이제까지 야만인인 동이족의 땅으로 보던 요하를 중국 문명의 시발지라며 이를 중국사에 편입시키고 있다.'(출처:위키백과)

중국은 황화 문명보다 더 오래된 요하 문명을 자기들 역사의 시작이라고 주장하지만, 출토되는 유물들을 볼 때 요하 문명의 주체는 동이족이 분명하다. 동이족은 바로 우리 한민족이다.

역사 왜곡에 있어 일본은 또 어떤가? 신뢰도가 극히 낮아 진정한 역사서로 볼 수 없는 〈고사기〉와 〈일본서기〉의 일본은 역사를 조작 왜곡한 교과서로 학생들을 가르친 지 오래되었다. 일본의 학생들이 조작되고 왜곡된 역사 교육으로 한국에 대해 비뚤어진 시각을 갖게 되는 것은 정해진 이치이다. 반면에 우리의 역사는 그들에 의해서 어둡고 패배적으로 조작 왜곡되어 온 관계로 대부분 사람의 역사인식이 심하게 비틀어져 지금도 식민사관의 폐해에서 완전히 벗어나지 못한 실정이다.

일제의 식민지 적폐를 청산하지 못한 관계로 오늘날 우리는 자신도 모르는 사이에 열등의식에 빠져 살고 있으니, 그것은 일제가 우리의 역사와 문화를 왜곡하고 조작 말살하여 사람의 정신을 병들게 했기 때문이다.

우리가 5천 년 역사라고 하지만 세계 역사와 국제무대에서 주류로 활동한 적이 없으며, 세계문화사에 자랑할 뛰어난 업적도 없고, 인류사에 큰 변화를 일으켰다고 할 사상이나 인물도 없이 늘 역사의 아류로 살아왔다는 것이다. 달리 말하면, 우리는 자기 역사와 자기 문화가 없는 민족이라는 것이다. 과연 그럴까? 그런데도 우리 한민족이 5천 년을 살아오는 게 가능했을까?

생각해 보면, 하나의 기업이 치열한 경쟁을 극복하고 흥하는 데도 수십 명에서 수백 명의 뛰어난 인물이 필요하듯이, 수천 년의 유구한 역사를 지닌 우리 민족이 그 문화와 전통을 이어오는 데 수만 명의 영웅, 열사, 충신, 학자가 있었고 또 나라 구성원들의 문화와 의식 수준 또한 높았으리라고 보는 것은 너무도 당연한 이치이다.

오늘날 우리가 중국말이나 일본말을 쓰지 않고, 우리말과 우리글로 우리 역사를 이야기하고 우리 민족의 정체성을 말할 수 있는 것은 그 옛날 만주 땅에 중국도 어떻게 할 수 없었던 찬란한 문화를 자랑하던 고조선, 부여, 고구려가 있었기 때문이다.

그러므로 선조들의 위대한 역사와 문화, 삶에 대해서 제대로 알지 못한 채 중국과 일본의 역사 왜곡에 부화뇌동하며 부정적인 인식에 빠져 자신을 비하하는 것은 후손된 우리가 못난 탓이다.

일본과 중국은 이미 오래전부터 우리 겨레의 뿌리를 잘라버리려 온갖 수작을 부려왔다. 우리의 정신을 병들게 한 일제의 식민사관에 이어, 이제는 중국이 동북공정을 통해서 우리 역사의 뿌리인 고조선·부여·고구려·대진을 자기들의 역사라고 우기고 있다. 뿌리 없는 나무가 어찌 제대로 자랄 수 있을까. 중국의 '동북공정'은 일제가 그랬던 것처럼 우리 한민족 말살정책과 다르지 않다.

우리가 중국과 일본에 의해 우리의 오랜 전통과 찬란한 문화와 수많은 영웅호걸의 역사를 잃고 왜곡 당하는 것은 큰 수치이다. 중국이 한민족의 활동무대는 광활한 만주 땅이었다며 우리의 역사를 바르게 알려주겠다고 할 리 없고, 일본이 왜국은 한반도의 속국이었다며 역사 왜곡에 대한 사과와 함께 관련 자료를 스스로 내놓을 리 없다.

사정이 이런데도 중국과 일본의 술책과 죄상 비판에 무디기만 한 우리는 그냥 세월을 허송하고 있다. 생각건대, 이 잘못은 역사에 대해서 부끄럽도록 무지한 채 돈과 재물만을 최고로 알아 외국산 명품이라도 하나 걸치면 우쭐거리는 천박한 우리에게 있다.

얼이 없는데 허우대만 멀쩡하면 무엇하랴. 우리는 아직도 민족사관을 제대로 정립하지 못한 잘못을 깊이 반성해야 한다.

가. 왜 고구려인가

지도를 보면, 중국 땅이 넓다고 하지만 나무가 제대로 자라지 못하는 척박한 땅이 대부분으로 문명이 발생한 지역은 중원과 동북지역에 한정된다. 그런데 동북 3성(흑룡강성, 길림성, 요령성)은 역사적으로 고조선, 부여, 고구려, 대진의 땅이었으니 중국이 주장하는 역사는 필연적으로 우리 한민족과 관련될 수밖에 없다.

동북공정이란 한마디로 만주를 무대로 한 우리 한민족 최초의 국가인 고조선과 부여를 비롯하여 고구려, 대진의 역사를 중국사에 편입시키려는 것으로 그중에서도 특히 고구려 역사가 중국 역사의 일부라는 주장이다. 정치적으로 공산당 일당독재인 중국은 자본주의를 게걸스럽게 받아들이면서 환경 파괴를 대가로 경제력을 키워왔고, 국력이 어느 정도 커지면서 중화사상이라는 병이 도진 것이다.

왜 고구려인가? 고구려는 중원을 통일한 수를 멸망시켰고, 당과는 두 차례의 대전에서 모두 승리하여 항복과 마찬가지인 종전을 선언하게 하였다. 고구려는 수·당도 어찌할 수 없는 동북아의 대제국이었다. 그런 고구려가 비록 내분으로 망하였지만, 그 땅은 물론 고구려인이 사라진 것도 아니었다. 중국 중원의 마지막 지배왕조는 만주족의 청나라이다. 오늘날 만주족이라 부르는 그 종족의 옛 명칭이 고려, 조선시대 때 여진족이었고, 그 이전 고구려 시대 때는 말갈족이었다. 말갈족은 일찍부터 고구려에 복속된 주요한 기마종족 중의 하나였다.

세상의 중심이라는 중국 한족은 고구려에 복속된 말갈족의 후손인 여진족이 세운 청나라의 지배를 300년간 받은 역사적 사실을 치욕으로 여겼다. 그들은 소수에 불과한 오랑캐 이민족의 지배를 받았다는 사실을 도저히 그대로 받아들일 수 없었다. 중국은 이 역사적 사실을 숨기고 희석하고자 역사 왜곡을 택했다. 즉, 고구려의 역사를 중국의 역사라고 우기기로 한 것이다.

고구려의 옛 땅에는 당연히 오늘날에도 고구려 유적이 대규모로 산재해 있다. 그러나 중국은 보존은커녕 고구려의 역사유적을 수몰시켜가며 동북공정에 한창이다. 고구려의 첫 번째 도읍지인 중국 환인 지역의 돌무지무덤은 대체로 서기 전후에 발생해서 2~3세기에는 거대한 무덤 떼를 이루게 된 고구려인의 무덤인데, 1970년대 초 환인 댐의 건설로 대부분이 물속에 잠겨버렸다는 보도가 있었다.

또 길림성 백산시 운봉 댐 수몰 지구에서 2,300여 기의 고구려 고분과 함께 발견된 성터를 발굴하지 않은 채 댐에 물을 채우기로 했다는 사실이 2006년 5월 언론에 보도되었다. 그러나 대대적인 조사가 있기 전에는 파괴되고 수몰되고 복원한다며 원형과 다르게 중국식으로 변형된 것 등 사라져버린 고구려 유적의 피해 규모를 정확하게 알 수 없는 실정이다.

고구려의 활동무대였던 흑룡강성, 길림성, 요령성의 동북 3성의 땅은 최근 20세기에 일본제국이 만주국을 세워 식민지배하는 등 수천 년 동안 중국 한족이 아닌 다른 민족 다른 나라의 지배 아래 있었다. 이런 역사적 사실에도 불구하고, 중국은 고구려의 역사를 중국의 역사라고 우기고 있다.

동북공정은 아시아태평양전쟁 때 일본제국이 만주에 관동군을 진주시켜 만주국을 세우고 중국과 분리했던 것처럼, 장차 북한에 비상사태가 발생 시 중국은 역사를 왜곡한 엉터리 연고권을 주장하여 고구려 땅이었던 북한의 평양에까지 병력을 진주시킬 명분으로 내놓으려는 것이다. 이것은 일제가 '임나일본부설'이란 왜곡된 역사를 사실인 양 호도하며 한반도를 식민 지배했던 것과 마찬가지 술책이다.

1) 동북아역사재단

정부는 이에 대응하기 위해서 2006년 9월 동북아역사재단을 만들었다. 그런데 동북아역사재단의 역사의식이 우리 한민족을 깎아내리는 사대주의와 식민사관을 전혀 벗어나지 못하고 있어 차라리 해체하라는 비난을 받는 형편이니 한심스럽기 짝이 없다. 역사의식이라

곧 전혀 없는 정상배가 나라와 민족의 미래에 대해서 아무 의식조차 갖지 못한 인물들을 재단에 앉혔기 때문이다.

동북공정의 표적이 된 한반도에 사는 우리는 누구인가? 우리는 침몰하는 배에 앉아 술이나 마시며 시시덕거리는 사람처럼 역사의 방관자로 살 수 있을까? 과연 그런 삶이 앞으로도 우리에게 계속 허용될까?

한반도는 분단된 상태인데 우리를 둘러싼 주변국들의 역사 왜곡은 그 정도를 넘어선 지 이미 오래되었고, 해가 갈수록 그 도를 점점 더해가고 있다.

역사 왜곡이 그들에게만 한정된다면 왜곡을 하든 말든 우리가 관여할 바가 아니겠으나 하나같이 우리 민족을 비루하게 깎아내리니 후세를 생각하면 보통 심각한 문제가 아니다. 이대로라면 중국과 일본의 자라나는 아이는 장차 한국인을 그들의 노예나 종으로 볼 것이다. 그런데도 한국은 중국과 일본의 역사 조작과 왜곡을 강 건너 불 보듯 하는 가운데 몇몇 뜻있는 역사학자들만 분개하여 뛰어다니는 실정이다.

김인희 박사는 이렇게 말한다. "중국이 고구려를 중국사 일부로 보는 이유 중 하나는 그들의 급조된 역사관과 관련이 있다. 중국은 현재 중국 영토에서 발생한 모든 고대사는 곧 중국사에 환원된다는 견해를 가지고 있다. 이러한 관점에 따르자면 고구려사 또한 중국사에 포함된다. 중국의 학자들과 토론을 할 때마다 그들의 한결같은 견해를 확인할 수 있었다. 나는 그들에게 질문했다. "그건 굉장히 위험한 역사관이 아닌가? 그 논리대로라면 앞으로 다른 국가가 중국을 침략하여 중국 영토 내에 국가를 세운다 해도 당신들은 반대할 이유가 없을 것이다. 중국 영토 내에 세운 국가이니 어차피 중국사가 될 것 아닌가?" 중국 학자들은 이러한 나의 문제 제기에 대해 침묵으로 대신했다."(1,300년 디아스포라 고구려 유민, 김인희, 푸른역사, 10쪽)

우리는 중국이 고구려 역사를 의도적으로 평가절하하며 역사 왜곡에 집착하는 동북공정을 가볍게 보아서는 아니 된다. 역사도 영토와 매한가지로 지킬 의지와 능력이 없으면 다른 나라의 침략과 훼손의 대상이 된다는 사실이 지금 우리 눈앞에서 벌어지고 있다.

고구려는 우리가 자손만대에까지 전해야 할 자랑스러운 우리의 역사이다. 우리 역사를 지키는 일은 정부만이 아닌 우리 모두의 일이다. 뿌리 없는 나무가 어찌 제대로 자랄 수 있을까. 후손된 우리에게는 선조들로부터 이어온 찬란했던 우리의 역사와 문화, 그 정체성을 지키며 살아야 할 의무가 있다.

2) 동북공정은 곧 역사 왜곡

자신들이 '중화' 즉 세상의 중심이라는 중국은 몽골족 원나라의 지배, 그리고 오늘날 만주족이라 부르는 여진족 청나라에 의한 지배 등 다른 민족 다른 나라가 중국을 지배한 사실을 인정하지 않는다. 모두가 다 알고 있는 역사적 사실을 왜곡하고 부정한다. 그런데 역사 왜곡은 그저 그들만의 왜곡에서 그치는 것이 아니라 북간도, 서간도, 독도, 백두산정계비 등 영토 문제와 국경 문제, 그리고 그 땅에 사는 사람들의 정체성과도 깊은 관련이 있다.

지금 한민족은 그 사는 곳에 따라 한국인, 북한인, 조선인, 고려인 등으로 불리고 있으니 미래를 생각하면 우리의 정체성을 심각하게 생각하지 않을 수 없다.

중국의 역사 왜곡인 '동북공정'은 중화인민공화국의 지원 아래 고구려의 옛 땅이었던 흑룡강성, 길림성, 요령성 등 동북 3성이 연합하여 추진하는 국책사업이다.

중국은 동북공정에서 고구려·부여를 비롯하여 고조선과 대진의 역사까지 왜곡하여 자기들 역사라고 주장한다. 고구려의 수도였던 북한의 평양까지 자기들 땅이었다며 엉터리 지도를 그려놓고, 고구려는 중국 영역 내의 소수 민족이 건립한 지방 정권이며 중국의 역대

왕조와 군신 관계를 유지했다고 거짓말을 하고 있다. 이렇게 중국이 기를 쓰며 왜곡된 주장을 계속하는 이유는 그만큼 고구려의 존재가 중국에 큰 두통거리이기 때문이다.

그렇지만 중국도 부인하지 못 하는 역사적 사실이 있으니, 그것은 대고구려제국이 존재하였던 900년간 중국 땅에서는 30여 개의 왕조가 명멸한 것이다. 중국 영토에서 발생한 모든 고대사는 곧 중국사에 환원된다는 중국의 논리대로라면 그때 명멸하였던 30여 왕조의 역사는 대제국 고구려 역사의 일부에 불과하다. 수가 중국을 통일한 역사도 고구려 역사의 일부이고, 고구려의 선공으로 시작된 고·수 전쟁에서 수가 패전한 후 멸망하였으니 수가 벌인 4차례의 전쟁은 고구려의 내전일 뿐이다. 즉, 고구려가 중국 대륙을 통일한 것이다. 우리는 당연히 이렇게 주장해야 한다. 중국을 통일한 수를 멸망에 이르게 한 고구려는 과연 어떤 나라였을까?

나. 대제국 고구려

1) 왕 중 왕

고구려의 옛 수도인 만주 집안에 유명한 광개토호태왕 능비가 위용을 자랑하며 우뚝 서 있다. 압록강을 눈앞에 둔 그 비는 414년(장수왕 3년)에 고구려 장수왕이 아버지 광개토호태왕을 기리기 위하여 세운 것이다. 높이 6.39m, 너비 1.35~2m에 달하는 한국 최대의 비석으로 비문은 크게 3부분으로 구성되어 있다. 주몽의 건국 신화를 비롯하여 광개토호태왕에 이르는 역대 왕의 치적 및 약력과 비의 건립 경위, 태왕의 정복 활동, 그리고 묘를 관리하는 수묘인에 관한 내용 들이 비의 4면에 기술되어 있다.

고구려의 옛 땅인 만주까지 가지 않더라도 서울 전쟁기념관에 가면 설명과 함께 실물 모형을 볼 수 있는 그 비문의 첫 머리는 이렇게 시작한다.

> 옛날 시조 추모왕이 나라를 세웠는데, (왕은) 북부여에서 태어났으며 천제의 아들이고 어머니는 하백의 딸이다. 알을 깨고 세상에 내려왔으니 태어나면서부터 성스러운ㅁㅁㅁㅁㅁ이 있었다. 길을 떠나 남쪽으로 내려가는데, 부여의 엄리대수를 지나게 되었다. 왕이 나루에 다다라 말하기를 "나는 천제의 아들이며 하백의 따님을 어머니로 한 추모왕이다. 나를 위하여 갈대를 연결하고 거북이 무리를 짓게 하여라." 라고 하였다. 말이 떨어지자마자 곧 갈대가 연결되고 거북 떼가 물 위로 떠올랐다. 그리하여 강물을 건너가서, 비류곡 졸본 서쪽 산 위에 성을 쌓고 도읍을 세웠다.

당은 평양성을 함락하면서 고구려의 역사서를 모조리 불태워버렸는데 거대한 돌에 고구려의 역사를 새긴 이 비의 존재는 몰랐던 모양이다. 어쩌면, 평양성에서 쫓겨 난 후 국내성을 중심으로 웅거하다 당에 투항한 연남생 때문에 이 비가 무사할 수 있었는지도 모르겠다.

비문에서 보듯이 고구려 사람들은 고구려를 건국한 추모왕과 자신들이 대흥안령산맥 및 흑룡강 주변에 터를 잡았던 북부여에서 비롯되었다고 믿었다. 고구려의 주된 세력은 부여에서 이주해 온 사람들이었다. 고구려가 부여의 후손임을 강조하는 것은 당시 동북아에서 큰 위치를 차지했던 부여의 정통성을 계승했다는 것이다. 고구려 사람들은 추모왕 주몽을 북부여 천제의 아들로 알았고 또 자랑스럽게 생각했다.

지금 우리가 사용하고 있는 일만원권 지폐 뒷면의 별자리가 '천상얼차분야지도'이다. 연구결과 그 별자리의 관측지점이 고구려의 수도 평양과 같은 북위 39~40도로 밝혀졌다. 이를 통해서 하늘로부터 천명을 받은 천손이라던 당시 고구려 사람들은 중국과 달리 독자적인 그들만의 하늘과 땅을 가졌음을 알 수 있다. 당시 중원의 패자는 고구려였다. '고구려'라는 국명은 '중앙에 있는 나라, 중심의 나라'라는 의미인 '가우리'를 한자로 쓴 것으로 중원을 통일했다는 수와 당은 900년 역사의 고구려의 새까만 후발주자에 불과하였다.

고구려는 독자적인 천하관과 연호를 쓰며 그들의 왕을 '태왕'이라 하였다. 즉 태왕이란 천명을 받은 '왕 중 왕'으로, 여러 명의 왕을 아래에 두고 있는 제국의 절대자, 최고의 통치자라는 의미였다.

수를 멸망시켰고, 당에 거듭된 패전을 안기어 항복과 마찬가지인 종전을 선언할 수밖에 없게 만들었던 고구려는 과연 어떤 나라였을까? '위키백과' '고구려' 조를 참조하며 살펴본다.

2) 수의 고구려 침공

300년간의 분열기를 거쳐 중원을 재통일하고 등장한 제국 수의 다음 목표는 고구려였다. 동쪽에서 고구려제국이 군림하는 한 수의 통일은 천하 통일이라 할 수 없었다. '천손'과 '천자', 두 천하관의 대립이었다. 중원을 통일한 수는 수를 셀 수 없는 인력을 동원하여 군수물자 수송을 목적으로 대운하까지 만들어가며 엄청난 물량을 고구려와의 전쟁에 쏟아 부었으나 패하고 말았다.

16년간 4차례에 걸친 수의 대고구려전은 수백만 명의 병력이 동원된 세계적인 대전으로 국가 총력전이었다. 고구려와 수의 1차전은 598년(영양태왕 9년)에 있었다. 수 문제가 육·해군 30만 대군을 동원해 고구려를 공격해왔으나 참패하고 물러났다.

2차 고·수전은 612년(영양태왕 23년)에 있었다. 수 문제를 이어 권력 싸움 끝에 정권을 잡은 수 양제도 고구려 원정을 단행하였다. 수 양제는 1차전의 패배를 교훈으로 삼아 6년 동안 수백만 명의 인력을 동원하여 긴 운하를 건설한 후 강남을 비롯한 전국에서 징발한 병력과 전쟁 물자를 탁군으로 집결시켰다. 수가 중국을 통일하기 위해 동원한 병력은 50만 명이었는데 고구려 침략에 동원한 병력은 130만여 명으로 출발에만 40여 일이 걸렸고 군대의 행렬은 960리에 걸쳤다고 한다. 그러나 결과는 처참한 패전이었다.

3차전 시작은 613년 4월로, 2차전에서 패퇴한 후 불과 4개월 만에 또다시 30만 대군을 동원하여 고구려 원정을 감행했으나 역시 참패했다. 계속된 패전으로 국내 사정이 매우 혼란해졌으나 고구려와의 전쟁에 대한 집착을 버리지 못한 수 양제는 614년에 4차로 고구려의 비사성을 공격하였으나 국력의 고갈로 승산이 없으니 곧 철수할 수밖에 없었다.

인류 역사상 최대의 병력 동원이었다는 수나라 군대는 고구려제국의 강이식 장군, 을지문덕 장군, 건무 장군 등의 활약으로 연전연패하였다. 계속된 패전으로 고구려의 존재와 실력을 분명하게 확인한 수의 군민들은 고구려를 치기 위해서 요동에 가면 살아서 돌아오지 못한다고 노래를 부르고 다닐 정도로 고구려를 두려워했다. 고구려와의 전쟁에서 연패한 수는 전쟁으로 국력이 극도로 피폐된 상태에서 반전여론이 일으킨 내란으로 618년 건국 38년 만에 망하고 만다.

고구려와의 전쟁으로 수의 국력이 기울면서 중원은 다시 내란의 수렁에 빠졌다. 수나라 멸망 후 실질적인 천하의 중심은 고구려였다. 동북아시아의 패자를 걸고 싸운 전쟁에서 승리한 나라는 고구려였다. 하지만 전쟁에서 승리했으나 고구려 역시 4차례에 걸친 전쟁으로 국력을 크게 소진하였다. 이후 고구려는 수가 망한 뒤 건국된 당과는 화친을 맺는 등 전쟁을 피하면서 국력회복에 매진한다.

다. 평화를 택한 영류태왕

당시 수백만 명의 병력이 동원된 세계최대의 전쟁이었던 고구려와 수의 대전에서 고구려가 모두 승리를 거두었으나 전쟁의 피해를 피할 수는 없었다. 승전국은 대개 배상금이나 전리품을 챙겨 전비를 보상받는 것이 일반적이었으나 고구려는 수로부터 전리품이나 배상금을 챙기지 못했다. 고구려는 중원을 점령할 좋은 기회였으나 국내 사정으로 퇴각하는 수의 군대를 끝까지 추격하여 섬멸하지 못했다.

전쟁영웅 영양태왕을 이어 동생인 영류태왕이 즉위했다. 영류태왕은 전쟁 후의 피해를 복구하고 백성들 삶의 질을 개선하는 데 우선순위를 두고 당나라와는 전쟁 없이 평화롭게 살고자 했다. 그러나 수가 그랬듯이 당 또한 중원을 통일하자 그 칼끝을 고구려로 향했다.

수많은 전쟁에서 그 참혹함을 직접 보고 겪은 영류태왕의 고구려
가 평화를 선택하여 양보하면 할수록 당의 요구는 끝을 몰랐다. 무인
들을 중심으로 한 고구려인들은 이런 당의 오만방자함에 분개했다.
그러나 영류태왕은 결코 고·수 전쟁 같은 대전을 원하지 않았다.
이 때문에 태왕은 고·수전쟁의 전승탑인 '경관'을 허물라는 당의
요구를 아무런 반발 없이 들어주었고, 자신이 입조하는 것이나 다름
없는 태자까지 입조시키며 전쟁을 피하고자 하였다. 그러나 현실은
태왕의 뜻대로 흐르지 않았다.

 형제들을 죽이고 아버지를 겁박하여 권좌를 차지한 당 태종이었
다. 쿠데타로 정권을 잡은 그는 자신을 향한 비난과 곱지 못한 시선
등 불편한 상황을 타개할 비상한 대책을 구상했다. 그것은 전쟁이었
다. 주변의 여러 종족이 자신에게 완전히 굴복하지 않는 것도 사실
따지고 보면 고구려 때문이었다. 자신을 중심으로 하는 천하를 꿈꾸
며 야심으로 가득 찬 그는 "수가 네 번이나 군사를 일으켰으나 실패한
원한을 갚겠다."며 고구려와의 전쟁을 준비했다.

 전쟁만큼은 피하려는 영류태왕의 대당 온건책은 고구려를 굴복시
켜야 할 적으로 보는 당 태종에게 있어 애초부터 고려의 대상이 아니
었다. 당 태종은 영류태왕이 자신에게 고개를 숙일수록 더욱 강하게
나갔다. 당 태종이 화전 양면전술로 영류태왕을 겁박하며 치밀하게
전쟁을 준비해 나갔음에 비해서 영류태왕은 당 태종이라는 인물을

제대로 파악하지 못하고 있었다.

고구려 영류태왕은 당 태종에게 일방적으로 양보하며 허리를 굽혀서라도 전쟁만큼은 피해 보려고 무한한 인내로 노력했다. 수많은 전투를 직접 지휘하며 전쟁을 몸소 겪은 영류태왕은 전쟁의 참혹함과 평화의 소중함을 너무도 잘 아는 사람이었다.

그러나 때는 전쟁의 시대였다. 이 나라가 저 나라를 공격하고 저 나라가 또 다른 나라를 공격하는 등 전쟁은 끝없이 계속되었다. 승자는 모든 것을 가졌고 패자는 모든 것을 잃었다. 이런 시대였기에 고구려 사람들은 남녀를 구분하지 않고 전장에 나섰고, 남자들은 전장에서 죽는 것을 영예롭게 여겼다. 사람들은 어릴 때부터 무술을 배워 무사가 되길 원했고, 조정은 무기 개발과 무사 양성에 온 힘을 기울였다. 패배는 곧 노예 아니면 죽음인 시대였다.

고구려가 천하의 중심이라는 자부심을 가진 고구려의 대당 강경파는 이 사실을 명확하게 인식하고 영웅적인 기개로 사는 사람들이었다.

1) 수의 포로 귀환 조치

수가 고구려에 패망한 후 20여 년이 지났다. 신흥국 당 고조 이연(당 태종의 아버지)은 고·수 전쟁에서의 패배로 실추된 지배층의 명예를 회복하기 위해서 고구려에 억류되어 있던 포로의 송환 문제를 우선적으로 해결하고자 하였다. 패전으로 이산가족의 수가 엄청났기에 백성들의 염원뿐만 아니라 신흥 왕조의 빠른 안정을 위해서도 포로 송환을 성사시킬 필요가 있었다.

622년 당 고조 이연은 고·수 전쟁 때의 포로들을 상호 교환하자고 고구려에 제의했다. 고구려 영류태왕은 당의 요청을 받아들여 고·수 전쟁 이래 고구려 국내에 잔류하고 있던 수의 포로 수만 명 가운데에서 우선 송환이 가능한 1만여 명을 중국으로 돌려보냈다. 기록이 없어 정확하게 알 수 없으나 당이 형식적으로 돌려보낸 소수의 고구려 포로도 돌아왔을 것이다.

2) 강역도 제출, 승전탑 해체

전쟁을 피하고 평화가 정착되기를 원하는 영류태왕의 양보는 계속되었다. 〈삼국사기〉 "영류왕조'에 따르면, 그는 거듭 당에 사신을 보냈고, 재위 9년(626년)에는 신라와 백제에서 고구려가 당으로 가는 길을 막는다고 항의하자 당에 사과하는(?) 글을 보내기도 했다.

영류왕은 재위 11년(628년)에 당 태종이 돌궐 왕 힐리가한을 사로잡은 것을 치하하면서 고구려의 봉역도(강역도)를' 바치기도(?) 했는데, 수와 대전을 치른 지 몇 년 지나지 않은 상황에서 군사기밀인 지도까지 보낸 것은 고구려의 독자적인 천하관을 포기한 행위였다.

영류태왕은 재위 14년(631년)에 대수 전승기념탑인 경관을 당의 요청으로 헐어버렸다. 경관이란 전쟁에서 죽은 적국 병사들의 유골로 쌓은 전승기념탑으로 알려져 있다. 그리고 재위 23년(640년)에는 태자 환권을 당에 보냈는데 영류태왕의 이런 저자세 외교에 대해 대당 강경파들은 크게 반발했다.

반면, 강역도 제출은 돌궐이 무너지자 고구려의 강역을 당과 명확하게 확정하는 절차로 보아야 한다는 주장도 있으며, 한 번도 패한 적이 없는 동북아의 최강국 고구려가 차기 왕위를 계승할 태자를 개국한 지 얼마 되지 않은 당에 보낸 것은 치하와 정보 수집을 위해서 그렇다 치더라도 조공(?)을 했다는 것은 있을 수 없는 일이다.

〈삼국사기〉는 사대주의자 김부식이 고구려가 멸망한 후 477년이 지난 뒤 신라를 중심으로 쓴 것이다. 수백 년이 흐른 뒤 고구려와 백제의 역사를 주체성이 없으며 흉악하고 비극적이라고 기록할 수밖에 없었던 것을 볼 때, 김부식은 신라의 사대주의가 사람의 정신을 얼마나 병들게 하였는지 분명하게 알고 있었던 것으로 보인다.

3) 주요 지역 탐색 허용

영류태왕이 태자 환권을 당에 보낸 답례 형식으로 다음해인 영류태왕 24년(641년) 당의 직방낭중 진대덕이 고구려에 왔다. 직방은 병부 소속으로 국내외의 주요 군사정보를 수집하고 군사지도도 제작하는 정보기관으로 실무를 총괄하는 책임자를 낭중이라 하였다.

진대덕의 평양 도착과 함께 고구려 조야는 고창국이 멸망했다는 소식도 접했다. 비단길 교통의 요지에서 6백여 년의 역사를 가진 고창국이 당군의 기습공격으로 갑자기 멸망했다는 것은 충격적이었다. 그것은 고구려에 막 도착한 당의 사신이 태왕의 바람과는 달리 평화를 위한 사절이 아니라는 의미였고, 어떤 나라도 당에 굴복하지 않으면 목숨을 부지 못할 것이라는 위협이었다. 이에 고구려의 강경파는 분노했다. 그러나 당 태종의 노골적인 겁박에도 평화를 향한 영류태왕의 행보는 멈출 줄을 몰랐다. 그에 따라 고구려 군 강경파의 불만은 계속 높아져갔다.

당 태종은 진대덕이 제작한 지도와 여러 경로를 통해서 수집한 정보를 바탕으로 은밀하게 본격적인 전쟁준비에 들어갔다. 그는 먼저 침공의 정당성을 주장하고 군의 사기를 높일 목적으로 역사를 왜곡하여 고구려를 깎아내리는 한편 광범위한 첩보 활동으로 고구려의 진성들에 대한 공격 우선순위와 진격 방향을 결정하였다. 또 고구려군을 분산시키고 묶어두기 위한 교란책, 항복한 포로를 어떻게 대우하여 고구려군의 사기를 떨어뜨리겠다는 선전책 등 당 태종의 작전계획은 치밀했다.

그때 당 조야의 일부 중신들을 중심으로 강력한 무력을 보유한 고구려와 싸워서 안 된다는 반전 여론이 높았다. 수가 고구려와 싸워 패전하고 멸망한 지 얼마 되지 않았고, 시중에는 고구려와 싸우기 위해 요동에 가면 다 죽는다는 반전의 노래가 아직 떠돌고 있었다. 그러나 누구도 당 태종의 전쟁 고집을 꺾을 수 없었다. 출병을 발표하기 전에 당 태종은 전·현직 여러 중신을 찾아다니며 의견을 구하는 형식을 취했고, '천하의 칸 중의 칸'이란 의미로 '천가한'이라 불리던 당 태종 자신이 직접 참전하겠다는 것이었다.

라. 고구려의 자존심 연개소문

1) 군사정변을 일으키다

고구려는 전통적으로 서부·북부·동부·남부·내부의 5부족 연맹체였다. 동부대인 연개소문은 대당 강경파의 수장이었다. 해라장 사건이 이를 잘 말해주고 있다. 영류태왕의 평화정책을 간파한 당의 간첩활동은 노골적이었다. 당의 대고구려 정보 수집은 모두 군사기밀에 속한 것들이었으니 명백한 전쟁준비였다. 고구려가 양보하고 물러날수록 당은 공세를 강화했고 그에 따라 고구려의 뜻있는 군민들의 불만은 높아져 갔다. 그런 와중에 당 태종의 명을 받은 사신이 갑자기 고구려에 와서 해라장 사건을 항의하면서 영류태왕을 놀라게 하였다.

고구려의 어느 해라장(해상 순찰장교)이 당으로부터 간첩의 사명을 띠고 숨어들었다가 수집한 정보를 가지고 몰래 돌아가는 삼불제(수마트라) 사신과 일행 2명을 바다에서 체포하였다. 해라장이 보기에 그들의 신분은 사신이었으나 수색한 결과 나온 증거를 보니 남의 나라에 들어와서 첩보활동을 한 첩자였다. 당 태종은 고구려에 대한 정보를 입수하기 위해서 오래전부터 줄기차게 첩자를 보냈는데, 고구려의 강화된 경계로 첩보활동이 어려워지자 고구려에 조공을 바치는 삼불국의 사신에게 첩자 노릇을 시킨 것이었다.

해라장은 증거가 충분하였으나 체포한 사신을 도성으로 압송하지 않았다. 그는 낭에 굽실거리는 조성이 첩자 노릇을 한 이 사신을 처벌하는 대신 오히려 좋은 대접을 하며 풀어줄 것이라고 생각하였다. 그리하여 그는 사신의 얼굴에 강경파 연개소문의 이름으로 당 태종을 모욕하는 글을 먹물로 새긴 후 풀어주었다.

풀려난 삼불제 사신은 자기 나라로 가지 않고 자신의 얼굴을 보여주기 위해 당 태종을 찾아갔다. 삼불제 사신의 얼굴을 본 당 태종은 항의 겸 고구려의 사정도 파악하고 연개소문이 과연 어떤 인물인지 확인하고자 사신을 보낸 것이었다.

당의 항의가 있은 후에 비로소 사태를 파악한 영류태왕은 깊은 고민에 빠졌다.

'당 태종을 연개소문의 이름으로 모욕하다니…, 더구나 일개 해라장이 간첩 혐의자를 체포하고도 제멋대로 풀어주다니….'

연개소문을 당 태종과 동등하게 보는 것도 모자라서 감히 태왕을 능멸하는 놈을 살려 둘 수 없었다. 해라장을 도성으로 압송하여 처형한 영류태왕은 연개소문도 없애버릴 결심을 했다. 연개소문이 사건에 직접 간여한 것은 아니지만, 군인들의 심리상태가 연개소문에게 쏠려있고 더구나 그동안 힘들게 공을 들여 이제 막 유대가 긴밀해져 가는 당과의 관계에 불화의 핵으로 등장한 그를 그냥 두고 넘어갈 수 없는 노릇이었다.

태왕의 선택은 명확했다. 그는 당과 불화로 평화가 깨어지는 것보다는 연개소문을 제거하여 평화를 유지하기로 결심했다.

'어떻게 그를 제거할까? 동부대인인 그에게는 상당한 군사력이 있다. 이번 사건을 빌미로 그를 불러서 심문을 하고 증거를 찾는다며 시간을 보내는 것은 현명하지 못한 처사이리라.'

연개소문은 기회가 있을 때마다 영류태왕에게 대당 강경책을 제기했다. 그런 그에게 오래전부터 군심이 쏠려있었으니 그가 저항하면 큰 내란이 일어날 수도 있고, 몇몇 세력이 그에게 동조하는 날이면 왕위까지도 위태로울 가능성이 있었다. 어디까지나 연개소문만 처단하면 끝날 일이니 속전속결로 처리할 일이었다.

'어느 때가 좋을까?'

태왕은 비밀리에 측근들을 불러 묘책을 구했다. 혼자 할 수 있는 일이 아니었다. 며칠 동안 회의가 계속되면서 많은 계책들이 나왔다. 당시 고구려는 당과 평화적인 관계를 맺고자 하는 한편 그들의 침략에 대비하기 위해서 오래전부터 천리장성을 구축하고 있었다. 최종적으로 태왕은 연개소문을 천리장성 건설 감독관으로 발령 내기로 했다. 연개소문이 대당 강경파이지만 태왕의 명령을 거부하지는 못할 것이었다.

고구려는 5부의 군대 중 하나라도 임무를 받아 출병하게 되면 5부의 병사들이 모두 모여 도성 앞에서 단결을 과시하고 사기를 높이는 열병식을 갖는 것이 관례였다. 전사의 나라 고구려에서 열병식은 5부를 대표하는 지휘관과 병사들이 모여 출병을 서로 축하하고 격려하는 일종의 잔치행사였다. 새롭게 임무를 부여받은 장군은 태왕 앞에서 임무완수를 다짐하며 출병을 신고하였다. 열병식에서 전 장병이 먹고 마실 술과 음식은 왕이 직접 내렸다. 그러나 이번 열병식에 태왕은 참석하지 않기로 했다. 대신 열병식이 끝나면 동부대인 연개소문이 왕성으로 들어가서 편전에서 태왕에게 직접 출병을 신고하기로 했고, 태왕은 그때 그를 제거하기로 했다.

동부대인 연개소문의 가문은 정통성 있는 가문이었다. 망국 후 당에서 벼슬하고 죽은 연개소문의 큰아들 연남생의 〈묘지명〉에 그 사실이 잘 기록되어 있다.

> 증조부는 자유(子遊)이며 조부는 태조(太祚)로서 다 막리지를 역임하였고, 부(父) 개금은 태대대로였었는데, 할아버지나 아버지가 쇠를 잘 부리고 활을 잘 쏘아 군권을 쥐고 모두 나라의 권세를 오로지 하였다.

이것은 연개소문의 동부 가문이 국가 운영의 중심에 있었고, 큰 문제가 없다면 큰아들에게 그 직이 세습되었음을 밝히고 있다. 연개소문도 그 천수를 다하고 임종할 때 장자 남생에게 가문의 전통에 따라 대대로의 자리를 물려준 것이었다.(그러므로 우리는 오늘의 시각으로 무능한 자식에게 대권을 넘겼다며 연개소문을 깎아내릴 수 없다.)

명망 높은 연개소문의 가문에 신세를 진 사람들이 고구려의 조야를 가리지 않고 두루두루 많았다. 궁궐 내에도 그의 가문 출신이거나 신세를 진 사람들이 여럿 있었다. 낮말은 새가 듣고 밤말은 쥐가 듣는다고 궁궐 깊숙한 곳에서 꾸미고 있는 음모가 연개소문의 귀에 들어갔다.

경악할 내용의 첩보를 그대로 맹신할 수 없었던 연개소문은 최종적으로 유력한 왕의 측근으로부터 태왕이 자신을 죽이려 한다는 사실을 직접 확인할 수 있었다. 그리고 마침내 그 유력한 측근은 유사시에 연개소문의 편에 서겠다고 약속했다.

고구려는 영류태왕을 중심으로 온건파가 조정을 장악하고 있었다. 일신의 안전을 우선하는 것처럼 보이는 온건파의 처신에 불만을 품은 인물들이 궐내에 많았다. 비굴하기만 한 그런 온건파가 당의 항의를 빌미로 모든 장병의 신망을 받고 있는 연개소문을 죽이려 하자 그 측근은 참지 못하고 행동에 나선 것이었다.

연개소문은 깊은 고민에 빠졌다. 상대는 왕이었다. 군대를 동원하여 궁궐로 쳐들어갈 확실한 증거와 명분이 없었고, 동부를 제외한 나머지 4부의 병력은 태왕의 명령을 따를 것이므로 전면적인 전투의 승산도 희박했다. 그렇다면 어떤 기회를 잡고 선수를 치는 수뿐이었다. 긴 생각 끝에 연개소문은 기회라면 자신이 천리장성 건설 감독관으로 출병하는 행사인 열병식뿐이라는 결론을 내렸다. 조정의 대신들이 모두 참석하는 열병식이었다. 기회는 단 한 번, 그들이 기회로 삼고 있는 열병식을 연개소문은 자신의 기회로 삼기로 했다.

열병식이 있는 날이었다. 왕명이 있었고 왕이 내린 음식과 술도 있었다. 조정 대신들은 너나 할 것 없이 모두 모여 술과 음식을 마음껏 즐겼다. 열병식 이후 있을 일을 생각해서라도 고위 대신들은 전혀 내색하지 않은 채 천리장성 공사 감독관으로 부임할 연개소문의 장도를 축하하고 격려하며 즐기는 체하였다.

그때 동부의 병사들이 흙먼지를 일으키며 나타났다. 기병을 선두로 보병들까지 방패와 갑주에 활·칼·창·도끼로 중무장 차림이었다.

'아니, 동부의 병사들이 벌써…?'

대신들은 일순간 긴장했으나 이내 평온을 되찾았다. 예정보다 조금 이른 시각이지만 열병식이 있으니 나머지 4부의 병사들도 곧 도착할 것이었다. 동부의 병사들은 오늘 열병식의 중심이니 조금 일찍 도착한 모양이었다. 경계하던 대신들은 이내 긴장을 풀고 주흥을 계속 즐겼다. 그러나 그 즐거움은 오래가지 못했다. 동부의 병사들이 대오를 갖추자마자 연개소문의 명령이 떨어졌고 열병식장은 순식간에 피바다로 변해버렸다.

왕성 가까이 병력을 접근시킬 수 있는 기회는 흔치 않았다. 연개소문은 열병식을 기회로 자기 휘하 병력을 다른 4부의 병력들보다 먼저 집결시켰다. 조정 대신들은 자기들을 포위, 공격하는 병사들의 움직임을 눈으로 직접 보면서도 저항할 기회를 갖지 못했다. 천려일실(千慮一失)이라고, 대신들은 연개소문이 열병식에서 각 부의 병사들이 순차적으로 집결하는 그 짧은 틈새를 이용할 것이라곤 미처 생각하지 못했다.

열병식에 참석한 대신들을 비롯한 100여 명의 온건파는 한 사람도 살아남지 못했다. 그들은 오랜 세월 전장을 누비며 다양한 경험을 쌓아 전쟁과 국정에 경륜이 높은 사람들이었으나 한순간의 방심으로 모두 목숨을 잃고 말았다.

한바탕 살육이 끝나자마자 연개소문은 기병대를 직접 지휘하여 곧바로 안학궁으로 달렸다. 지체할 시간이 없었다. 태왕이 보고를 받고 움직이기 전에 상황을 종료시켜야 했다.

연개소문이 왕궁으로 통하는 성문 앞에 이르자 성루에서 일단의 병사들이 함성을 올리며 곧바로 성문을 열었다. 왕자 고장(보장태왕)과 그를 따르는 장교와 병사들이었다. 고장은 영류태왕의 동생인 대양왕의 맏아들이었으니 그는 영류태왕의 조카였다. 왕자 신분인 고장은 삼촌 영류태왕의 대당 온건책에 불만이 많았다.

영류태왕은 평원태왕의 둘째 왕후가 낳았으니 영양태왕의 이복동생이다. 그는 형의 지휘 아래 많은 전쟁에 참전하였고 뛰어난 지략과 용맹으로 많은 전투에서 승리를 거두었다. 형 영양태왕이 후손 없이 죽자 그는 형을 이어 왕위에 올랐다. 그는 여러 전쟁에서 많은 공을 세웠으나 전쟁을 혐오하는 사람이었다. 그는 오랜 전쟁으로 피폐된 나라 경제를 살리는 데 정책의 우선순위를 두면서 자신의 정책에 반대하는 강경파 우두머리 연개소문을 제거하려 하였다.

영류태왕이 칼을 뽑아든 연개소문에게 말했다.

"오랜 전쟁으로 나라가 피폐하여 백성의 고통이 심하다. 이대로 가다가는 신민들이 전쟁 때문에 죽는 것이 아니라 굶주림과 질병으로 모두 죽게 될 것이다. 나는 나라와 백성을 죽음에서 살리고자 하는 것이다. 우리가 국력을 회복하는 동안 당과 좋은 관계를 유지해야 한다. 이 보 전진하기 위해서 일 보 후퇴하는 것이 무슨 치욕이냐. 그것은 나라를 보존하는 지혜이다. 그대의 애국심을 잘 안다. 그렇지만 창검으로만 애국하는 것이 아니다. 오히려 전쟁을 제일로 삼는 무리가 이 나라를 위태롭게 하고 있다."

연개소문이 태왕의 말을 받았다.

"누울 자리를 보고 다리를 뻗으라 하였소. 전쟁밖에 모르는 이세민 그자가 이웃 나라와 평화롭게 지내는 것을 언제 한 번이라도 들어본 적이 있소? 그런 나라는 하나도 남김없이 이세민 그자의 손에 망하여 역사에서 사라졌소. 어찌 이 사실을 모른다고 할 것이오. 부모와 형제들을 다 죽이고 권력을 강탈한 그를 인간이라 생각하셨소? 또 이세민의 졸개들은 하나같이 평생을 전쟁터만 돌아다니며 전쟁으로 살아가는 인간들이오. 그런 그들에게 포로를 돌려보내고 경관을 헐고 강역도를 바치고, 그렇게 비굴하게 얻은 평화가 얼마나 오래 갈 것이라 보았소?

　나라를 다스리려면 어디로 나아가야 하는지 큰 줄기를 볼 줄 알아야 할 것이오. 지금 피 묻은 이세민의 칼날이 우리 눈앞에서 번쩍이고 있는데 우리는 방향을 잃고 혼란에 빠져있소이다. 우리는 정신적·사상적 주체성을 잃고 이리 비틀 저리 비틀거리고 있소이다. 이 상태로는 머지않아 우리는 패배자로, 정신이 병든 노예로 비참하게 살게 될 것이 분명하외다. 어찌하여 한때의 편안을 좇아 자손만대에 노예의 삶을 물려주려고 하시오?"

　영류태왕은 연개소문에 의해 죽임을 당했다. 비밀이 새면서 연개소문을 중심으로 한 대당 강경파에 의해 죽임을 당한 것이다. 그렇지만 연개소문은 정말 조정 대신들뿐만 아니라 5부의 지도자들까지 모두 죽이고 고구려를 자신의 1인 독재체제 아래 두었을까? 중국 측 기록대로 과연 그것이 가능했을까? 연개소문에 대한 악의적인 기록은 아닐까?

　고구려는 전통적으로 5부족 연맹체였다. 연개소문이 왕과 다수의 귀족을 죽이고 실권을 장악하였다고 하여 5부족 연맹체가 무너지고 연개소문 1인 체제에 귀속되었다고 볼 수 없는 여러 정황이 있다.

첫째, 연개소문 이후 고구려의 5부 체제가 해체되었다는 기록은 어디에도 없다. 소노부·절노부·순노부·관노부·계루부는 고구려 초기의 5부 명칭이고 서부·북부·동부·남부·내부 들은 후기의 5부 명칭으로, 고구려가 중앙집권적 국가로 성장함에 따라 새롭게 편제된 중앙의 행정구역의 명칭이다. 그러나 여전히 각 부의 대가들은 스스로 민호를 거느리거나 휘하에 관료를 따로 두었으니 이것은 5부 체제 하에서도 종전에 각 부가 지녔던 자치력 또한 여전했음을 보여준다.

둘째, 당의 주장대로라면, 당군과의 결정적인 전투가 연개소문에게 거역하기만 하는 안시성을 구원하기 위해서 전개되었는데, 연개소문은 자신에게 저항하기만 한 안시성을 구원하기 위해서 국운을 건 대병력을 투입한 셈이니 이 또한 논리적으로 맞지 않다. 당 태종이 안시성을 향해서 진군할 때 고구려군과 말갈군 15만 대군은 고정의를 총사령관으로 하여 북부 욕살 고연수와 남부 욕살 고혜진의 지휘 아래 주필산에서 당의 최정예부대와 대회전을 벌였다. 만약 연개소문이 정통성 없고 불안정한 독재자였고 안시성 성주를 미워하고 대립하고 있었다면 15만 대군을 동원하여 주필산과 안시성 일대에서 당 태종과 대회전을 벌일 수 없었을 것이다.

셋째, 보장태왕 또한 연개소문에 의한 허수아비 왕이 아니었다. 그는 고구려 멸망 후 고구려의 재건을 위해서 유민과 말갈족과 함께 군사를 일으키려다가 발각되어 681년 양주에 유배되었고 682년 그 곳에서 사망하였다. 그에게 왕다운 권위와 추종세력이 없었다면 허수아비 왕에 불과한 그에게 고구려의 부흥운동은 어울리지 않는다.

2) 고구려 지배층은 부여족으로 독자적인 천하관과 천손사상을 가졌다

고구려는 고조선 해체 후에 건국되었다. 고구려의 사상, 즉 우리 민족은 단군의 자손이고, 단군의 조상은 환웅이며, 환웅의 조상은 환인 천제(天帝)라는 천손사상이다. 이러한 천손사상은 고조선을 이어 부여, 고구려의 모든 사람의 정신에 각인되어 있었다. 고구려는 이 사상으로 동북아에 군림하였으니 천자 사상을 가진 중국과는 대립할 수밖에 없었다.

고구려는 중국 한족과는 문화와 말이 다른 부여족의 나라였다. 부여의 터전은 대흥안령산맥의 동쪽, 만주 송화강 유역을 중심으로 했는데, 거기에서 고구려의 지배층이 된 주몽 집단(계루부 왕실)이 나왔다. 주몽 집단은 압록강 일대에 진출하여 졸본부여, 곧 고구려를 세웠다. 그리고 비류, 온조 세력은 거기에서 다시 더 남쪽으로 내려가 한강 유역에서 백제를 세웠다. 비류, 온조도 부여족이었기에 백제는 그 왕실의 성을 부여 씨라 했고, 고구려와 마찬가지로 동명사당을 두고 부여를 세운 동명왕에게 제사를 지냈다. 이처럼 부여족은 고구려·백제 왕실의 뿌리였다.

천손사상을 가진 고구려인은 자신을 천하의 중심으로 보았다. 오늘날 우리는 광개토호태왕릉 비문, 고분 속의 수많은 벽화, 고구려의 천문도를 복원했다는 천상열차분야지도 들을 통해서 사람을 포함한 우주 만물에 대한 고구려인의 천하관을 짐작할 수 있다. 고구려는 최고통치자를 주변의 여러 나라를 종속국으로 거느리는 '태왕'으로 불렀고 독자적인 연호를 사용한 강력한 대제국이었다.

3) 동부대인은 막리지를 세습했다

고구려의 주요 관직으로 대대로와 막리지가 있다. 대대로는 고구려 제1위의 관등으로서 왕이 직접 임명하지 않고 5부의 제가회의에서 선거로 선출했으며 주로 행정을 중심으로 국정을 총괄하는 3년 임기의 수상 직이었다. 막리지는 여러 명이었다는 사실로 볼 때 대대로보다 하위직으로 각 부에 막리지가 있었고 병권을 쥐었으며 세습도 가능하였다. 연개소문이 군사정변 후 '대막리지'직에 취임했다는 것은 각 부의 막리지 중의 막리지로 군권을 장악했음을 알 수 있다.

고구려는 초기의 5부 체제를 그대로 유지하며 발전했는데 행정구역도 수도와 지방을 5부로 나누었다. 계루부는 내부, 소노부는 서부, 절노부는 북부, 순노부는 동부, 관노부는 남부라 하였다. 5부 밑에는 성(城)이 있었다. 부에는 욕살이라는 군사령관과 처려근지라는 행정관이 파견되었고, 이들은 각 부에 소속된 여러 성주를 통솔했다. 그런데 소노부, 절노부 등에서 노(奴)로 표기한 것을 보면 중국의 중화사상을 알 수 있다. 훈족을 폄훼하여 흉악한 노예라는 흉노(匈奴)로 부른 것이나 선비(鮮卑), 몽고(蒙古)들도 마찬가지 표현이다.

중국은 주변국들을 모두 깎아내려 동서남북의 다른 민족들을 다 오랑캐의 뜻을 가진 동이(東夷), 서융(西戎), 남만(南蠻), 북적(北狄) 등으로 불렀다.(출처:위키백과) 가야를 구야(狗耶)로 표기한 것, 예(濊)와 맥(貊)도 마찬가지이다. 우리가 중국식 용어 사용에 신중하지 못하면 자신도 모르는 사이에 노(奴), 왜(倭), 비(卑), 사(邪), 구(狗) 등을 사용하여 노비, 도둑, 개, 돼지 등 노예 아니면 짐승으로 전락한다. 우리에게 민족적 자존심이 있다면 '동이족'이라는 말을 거부해야 한다.

동부대인 연개소문은 고구려를 구성하는 5대 부족장의 하나였으니 정통성 있는 가문 출신이었다. 연개소문의 아들로 당에 투항하여 당의 관직을 받은 연남생의 〈천남생묘지명〉을 보면, 남생의 할아버지 즉 연개소문의 아버지는 태조, 할아버지는 자유라고 이름이 기록되어 있으며, 두 사람 모두 고구려의 막리지 직을 세습했다고 되어 있다. 〈삼국사기〉의 원전이 된 〈구당서〉와 〈신당서〉 고려전에도 연개소문이 동부대인 및 대대로를 지낸 아버지가 죽은 뒤 아버지의 막리지 자리를 세습했다고 했다. 즉, 연개소문은 고구려의 조정과 민간에 널리 이름이 알려져 있고 덕망도 높아 따르는 사람들이 많았던 명문가의 사람이었다.

그러나 우리는 연개소문을 두고 그를 헐뜯는 글에 익숙해 있다. 대표적인 사대주의자 김부식의 글이다. '그의 성품이 잔인하고 포악해 임금을 죽이고 권력을 차지한 대역을 저질렀다. 그는 몸에 칼 다섯 자루를 차고 있어서 좌우의 사람들이 감히 쳐다보지 못했다. 말에 오르고 내릴 때마다 항상 귀인 무장을 땅에 엎드리게 해 디디는 발판으로 삼았으며, 외출할 때에는 반드시 대오를 베풀고 가는데, 앞에서 인도하는 자가 긴소리로 외치면 사람들이 달아나면서 골짜기나 구덩이도 피하지 않았다.'《《삼국사기》 권49, 열전 권9, 개소문)

4) 선비족의 후손인 당 태종을 두려워하지 않았다

고구려는 동북아의 여러 종족 중 수천 년 정통의 부여족이 주축인 강국이었다. 고구려가 강국으로 성장하는 과정에서 선비족과 많은 전쟁을 치렀고 한때 미천태왕의 능이 도굴당하는 수모를 겪기도 하였다. 그러나 끝내 선비족을 소탕하였으니 결정적인 승리는 광개토호태왕의 정벌로 240년 전의 일이었다. 그러므로 연개소문과 고구려 군민이 240년 전 옛날에 고구려에 의해 먼 서북방으로 쫓겨난 선비족의 후손인 당 태종의 협박에 움츠러질 이유가 없었다.

마. 1차 고·당 전쟁과 당의 역사 조작

동북아 대제국이었던 수와 고구려가 수백만 군대를 동원하여 국운을 건 전쟁을 벌인 결과 패전한 수는 멸망했다. 그때 이후 중국 사람들은 고구려와 싸우기 위해 요동에 가면 다 죽는다고 노래를 불렀을 정도로 고구려를 두려워했다. 그 노랫말은 지금도 전해오고 있다.

중국 〈자치통감〉에 실려 있고 신채호 선생이 〈조선상고사〉에서 언급한 반전노래는 '무향요동랑사가'이다.

> 긴 창은 하늘을 찌르고 둥근 칼날은 햇빛에 번쩍이며
> 산에서는 사슴과 노루를 마을에서는 소와 양을 잡아먹으며
> 관군이 전장에 도착했구나
> 칼 들고 적을 치러간다지만 요동에 가면 오직 개죽음뿐
> 머리 잘리고 온 몸이 상할 것을

오랜 전쟁 끝에 중원을 다시 통일한 당 태종은 수가 그랬던 것처럼 고구려까지 굴복시켜 명실상부 천하의 일인자가 되고 싶었다. 그는 먼저 각종 역사서를 그럴듯하게 조작하여 고구려가 한(漢) 등 역대왕조의 옛 땅을 차지하고 있다며 전쟁의 당위성을 주장하는 한편 첩자를 통해 수집한 정보를 바탕으로 작전계획을 세운 뒤 정예 6군을 비롯한 수십만 대군을 고구려와의 전쟁에 투입하였다.

고구려와 당의 전쟁은 국제전이었다. 644년 이래 고구려, 백제, 신라, 왜 등 동북아의 여러 나라를 비롯하여 중국 내륙의 거란, 철륵까지 당의 침략 전쟁에 휩쓸렸다. 수를 셀 수 없는 사람들이 고향을 떠나 이름도 알 수 없는 먼 곳에서 전쟁을 하며 죽어갔다. 세상은 전쟁으로 날이 새고 전쟁으로 날이 저물었다. 어디를 가나 피비린내가 진동하였다. 엄청난 사람의 피가 끊임없이 땅을 적시는 참혹한 전쟁의 한복판에 당나라가 있었다.

승리를 확신한 당 태종은 전장에서 직접 전투를 지휘했다. 당 태종은 천리장성을 돌파하기 위해 고구려군과 치열하게 싸웠다. 고구려가 서쪽 요동 일대에 쌓은 천리장성은 요하와 천산산맥 중간에 위치한 성들로 천산산맥을 오르는 길목에 위치하였다. 북쪽에서 남쪽으로 능안고성, 부여성, 신성, 개모성, 백암성, 요동성, 안시성, 건안성, 득리사성, 비사성 들을 연결하고 있었다.

당 태종은 격렬한 전투 끝에 개모성, 백암성, 요동성 등을 함락하며 간신히 안시성 앞에 도착할 수 있었다. 그러나 거기까지가 한계였다. 전쟁의 귀재라는 당 태종 역시 연개소문이 지휘하는 고구려군에 패하고 말았다.

당 태종은 고구려의 천리장성을 돌파할 수 없었다. 안시성을 앞에 두고 15만 고구려 지원군과 일진일퇴를 반복하고 있을 때 설연타의 대규모 기병대가 오르도스 지역을 침공했다는 급보가 날아왔다. 그것은 연개소문의 역공이었고 도성이 위험하다는 의미였다. 설연타의 권력을 승계한 새 칸은 '발작'이라는 인물로 일찍부터 당 태종의 분열 정책에 신물을 내고 저항하던 인물이었다.

당 태종에게 남은 선택은 본격적인 겨울이 오기 전에 철군하는 것만이 전멸을 면하는 유일한 길이었다. 시기를 놓쳐 도성이라도 잃게 되면 정벌은커녕 강남 쪽으로 도주하는 것뿐인데 그것은 나라의 멸망을 의미했다.

당 태종은 우선 오르도스 지역의 당군을 지원하기 위해서 정예 기병대를 몽땅 출동시킨 후 나머지 부대의 철군을 명령했다. 진군보다 철군이 훨씬 어려운 법인데 이제 당군에게는 철군을 안전하게 도와줄 기병대가 없었다. 그만큼 당의 처지는 절박했다.

당 태종은 고구려 기병으로부터 상대적으로 안전하다고 판단되는 늪지를 택했다. 당군은 넓은 평원을 통해서 철군할 수 없었다. 그곳은 고구려의 기병대가 기다리고 있는 고구려의 땅이었다. 후위는 고구려군의 추격에 엄청난 피해를 입겠지만 그래도 그 길만이 전멸을 면하고 일부라도 살아 돌아갈 수 있는 희망의 길이었다.

당군이 퇴각한 경로는 요하 하구 쪽이었는데, 그곳은 비가 조금이라도 많이 오면 물이 넘치는 늪지대로 이동하기가 매우 어려운 지역이었다. 외롭게 난 좁은 길로 중장비를 지닌 채 이동하는 군인들에게 신속함은 고사하고 휴식과 취사조차 쉽지 않았다. 이렇게 대규모 병력이 이동하기 어려운 길을 통해서 당 태종이 퇴각할 수밖에 없었던 것은 그만큼 철저하게 패배를 당하여 도망칠 길조차 쉽지 않았던 것이다.

늪지에 들어선 당 태종은 앞서 고구려와 싸우다 전멸한 수 대군의 운명을 생각하며 똑같은 상황에 몰린 자신의 처지에 피눈물을 흘렸다. 당군은 추격하는 고구려군의 창검과 화살에 죽고 추위와 굶주림으로 죽어갔다. 당 태종은 수 양제보다 더 처참하게 패배했다.

이처럼 수, 당 대군을 계속하여 물리친 고구려는 막강한 대제국이었다. 중국이 아무리 역사를 지우고 숨기며 왜곡하려 하여도 오늘날 남아 전해지는 단편적인 기록과 역사의 흔적만으로도 대제국 고구려가 내분으로 멸망하기 전까지 당은 고구려에 단 한 번도 우위에 서지 못했음을 알 수 있다.

1) 요동전쟁을 그만두라는 유명이 거짓인 이유

중국의 역사 조작과 왜곡은 집요했다. 후일 중국은 〈구당서〉, 〈신당서〉, 〈자치통감〉 등 역사서를 써내면서 당 태종이 연개소문에게 패배한 사실 등 고구려와 관련한 역사를 조작 왜곡한다. 오늘날 우리는 고구려가 멸망하고 300~400년이 지난 뒤 중국이 자기들 마음대로 조작하고 왜곡하여 쓴 역사서를 읽고 있는 것이다.

649년(보장태왕 8년) 마침내 당 태종이 한을 품은 채 숨을 거두었다. 절세영웅이라던 그가 고구려를 침략했다가 패전하고 퇴각하던 도중 요하에서 고구려군이 쏜 독화살을 눈에 맞고 앓다가 죽은 것이다. 그는 고구려에 의한 패배의 치욕으로 눈도 제대로 감지 못하였다.

그때 당 태종이 얼마나 퇴각을 서둘렀는지 좋은 길을 놔두고 진흙 수렁을 통하여 퇴각하여야 했으니 당군의 피해는 엄청났다. 당시 당 태종은 진흙구덩이를 건너기 위해서 병사들이 나뭇단을 묶어 길을 만들 때 함께 도와야했다. 행군이 지체될수록 추위와 굶주림으로 죽어나가는 병사의 수는 엄청났다. 이처럼 당군이 험한 길로 급하게 퇴각할 수밖에 없었던 것은 연개소문의 전략에 빠져 퇴로를 차단당하여 전멸의 위기에 빠졌기 때문이었다.

고구려군의 추격과 포위에서 간신히 목숨을 건지고 빠져나왔으나 당 태종의 몰골은 처참했다. 며칠 동안 진흙탕 속을 헤매면서 갈아입지 못한 옷은 누더기로 변했고, 눈에 화살을 맞은 얼굴은 피 묻은 붕대가 칭칭 감고 있었다. 약간의 병력을 이끌고 달려왔던 태자는 아버지의 이런 처참한 몰골을 보고 흙바닥을 뒹굴며 소리 내어 울었다.

고구려군이 쏜 화살을 맞은 당 태종은 회복하지 못하고 죽었다. 고구려 땅에서 간신히 살아서 돌아왔던 당의 장수들은 상복을 한 채 고구려에 복수를 외쳤다. 그들은 고구려와의 전쟁이 그들의 침략으로 일어난 것임에도 모든 것을, 방어전을 잘 펼친 고구려의 탓으로 돌렸다. 당 태종의 심복임을 자처하는 그들은 당 태종의 영전에서 아무리 긴 세월이 걸리더라도 반드시 원한을 갚겠다며 울부짖었다.

전쟁의 귀재라던 당 태종은 패전 후 죽으면서 고구려와의 전쟁을 그만두라는 유언을 했다고 한다. 사실일까? 이후 일어난 고구려와의 전쟁은 그의 뜻과는 관계없다는 것일까?

거짓이 분명하다. 그의 부하들은 전쟁을 통해서 당 태종에게 발탁되었고 전쟁을 통해서 출세한 자들이었다. 전쟁은 그들이 사는 이유이고 방식이었다. 당 태종이 사망하자 그의 부하들은 상복을 입은 채 유명을 받들자며 복수를 맹세했다. 당 태종이 죽으면서 요동전쟁을 그만두라는 유명이 있었다며 그들이 떠든 것은 고구려를 표적으로 한 거짓말이었다.

한쪽 손에는 비수를 숨긴 채 다른 쪽 손으로 화해의 손짓을 해서 고구려의 공세와 경계를 누그리려 취한 기만적 평화 술책이었다. 당 태종의 뒤를 이은 고종은 유약했다. 전쟁을 모르고 자란 그는 전쟁에 관한 한 아버지 당 태종에 충성했던 장군들의 뜻을 따를 수밖에 없었다. 고구려에 대한 복수심으로 사는 전쟁기계들인 그들은 고구려의 감시를 피해가며 엄청난 규모의 전쟁 준비를 하고 있었다.

가) 패전 후에도 대고구려 소모전 전개는 거짓

당군이 645년 1차 침공에서 패퇴한 이후 매년 고구려의 국경을 침범하여 소모전을 전개하며 고구려의 국력을 피폐케 했다는 것은 역사를 조작 왜곡하는 거짓이다.

패전으로 망국을 맞았던 수와 마찬가지로 망국의 위기에 처했던 당은 패전 후유증을 최소화하며 내부 안정에 집중할 수밖에 없었을 것이다. 그런데도 전쟁터에서 입은 부상으로 신음하던 당 태종이 전쟁 전부터 있었던 빈진여론을 무시하며 패전에도 아랑곳하지 않고 계속해서 고구려 국경을 넘어 기습전을 펼쳤다는 것은 세월이 지난 뒤의 조작이고 역사 왜곡이다.

백성을 징집했다고 해서 훈련도 거치지 않은 채 바로 전투에 투입해서 어찌 이길 수 있을 것이며, 전쟁물자와 식량의 보급 문제 또한 전쟁의 승패를 좌우하는 아주 중요한 요소이다. 그런데도 고구려를 침공했다가 모든 것을 다 버리고 간신히 몸만 빠져나왔던 당 태종이 마치 아무 일 없었던 것처럼 패전 후에도 병력과 군수품을 무한정 쏟아 부으며 계속 고구려를 공격하였다는 것, 그리고 전투일지는 사정이 있어 불태워 없앴다는 중국 측의 기록은 뻔뻔스러운 조작이고 거짓이다.

❶ 당 태종이 30만~50만 명의 최정예 원정군으로 고구려를 침공했으나 처참하게 패퇴했으니 군사력과 경제력의 상실은 막대했고, 처음부터 고구려 원정에 반대하던 세력들의 비난 또한 엄청났다. 그런데도 패전 후에 아무런 문제가 없었던 것처럼 대고구려 소모전을 계속 전개하였고, 그 증거가 되는 1년 6개월간의 전투일지는 불태워 없앴다는 것은 고구려가 멸망한 뒤 있지도 않은 사실을 조작하여 거짓으로 쓴 것이다.

당 태종이 고구려에 무참하게 대패한 뒤 국내 상황을 재정비할 시간도 갖지 않은 채 계속해서 고구려 국경을 침범하여 전투를 계속했다는 것은 상식을 벗어난 새빨간 거짓말이다. 분명 당 태종은 어지러운 국내 정세의 안정을 위해서 고구려에 조공을 바치며 화평을 구걸했을 것이다.

❷ 고구려 원정이 실패했다는 소문이 주변국에 퍼지면서 그동안 당의 압제에 굴복해 있던 토욕혼, 고창 등 여러 나라와 종족이 반기를 들 기미를 보이기 시작했다. 당 태종의 발등에 불이 떨어진 것이다. 당 태종은 자신의 원정 실패를 기회로 저항하는 종족에 대하여 무력으로 각개격파에 나섰다. 그런 상황에서 최강국인 고구려에 대한

계속적인 원정은 불가능했다.

당 태종은 먼저 고구려 편에 섰던 설연타를 정벌하는 데 최정예병력을 투입했다. 북방 초원에서 막강한 세력으로 군림하며 고구려와 함께 당에 저항하는 설연타를 징치하지 못하면 잠시 엎드려있는 여타 종족이 앞으로 어떻게 행동할지 뻔한 일이었다.

❸ 패전 후 당의 어려운 당시 상황을 알려주는 기록이 있다. 당 태종이 사망한 후 649년 10월 토번의 사절이 외교문서를 들고 왔다. 〈구당서〉 토번전을 보면 토번왕 송첸캄포가 당 조정의 정권을 잡고 있던 태위 장손무기에게 협박을 하고 있다.

> 천자가 새로 즉위하였는데, 만약 신하가 불충한 마음을 가진다면 마땅히 군사를 이끌고 가서 토벌하겠다.

토번이 당 영내로 군대를 보내겠다는 말은 당을 우롱하는, 무례하기 짝이 없는 위협이었다. 하지만 막 즉위한 당 고종은 토번의 송첸캄포를 부마도위로 삼고 서해군왕에 봉하며 직물 3,000단을 보냈다. 그리고 토번이 양잠 종자 및 술·맷돌·종이·먹을 만드는 장인을 청하자 이를 모두 허락했다. 고종은 토번을 적으로 돌리지 않으려고 모욕을 감수했다.

다음 해인 650년 5월에 토번 정치에도 큰 변화가 일어났다. 토번의 영주 송첸캄포가 죽었다. 적자가 일찍 죽었기 때문에 어린 손자인 만손만첸이 뒤를 이었다. 군부를 통솔하고 있던 가르통첸이 그의 섭정이 되어 실권을 장악했다. 토번에 유능한 장군이 통솔하는 군사 정권이 들어선 것이었다. 그의 명성은 당 조정에서도 익히 잘 알고 있었다. 이로부터 얼마 지나지 않아 토번은 사방으로 세력을 크게 확장하기 시작했으니 이는 당 제국을 조여 오는 무서운 올무가 되었다.

돌궐도 마찬가지였다. 한족의 황제이면서 북방 유목종족으로부터 '천가한'이라는 칭호를 받았던 당 태종이 사라지자 돌궐의 아사나하로는 기회라고 보았다. 그의 주변에 사람들이 몰려들었고, 서돌궐제 부족들은 뭉치기 시작했다. 2년이 되지 않아 그는 서쪽으로 이동해 서돌궐의 전체 부족을 통합했고, 중앙아시아와 실크로드의 오아시스 국가들을 대부분 휘하에 거느리게 되었다. 당에 큰 위협이었다.

당을 둘러싼 주변상황이 이러함에도, 고구려 연개소문이 미녀 2명을 바치며 요청한 화해를 거절하며 고구려에 계속 군대를 보내 전쟁을 했다는 것이 당의 기록이다. 지나가던 소가 웃을 일이다.

나) 신라 김춘추의 원군 요청을 수락

649년 초, 신라 김춘추는 당을 떠나기 전에 당 태종에게 먼저 백제를 정벌한 후 고구려를 공격하면 고구려는 한꺼번에 두 전선으로 병력을 분산해야 하니 승리할 수 있다고 제안했다. 백제가 아니라 늘 고구려에 대한 복수를 생각하던 당 태종이었다. 그는 백제를 멸망시킨 후 신라가 당군이 먹을 식량의 수송을 책임지는 한편 고구려의 후방을 교란한다면 전쟁의 양상을 바꿀 수 있다고 판단했다.

당 태종은 고구려를 치기 전에 백제를 먼저 정벌하자는 김춘추의 원병 요청을 수락 한 후 만찬을 베풀었다. 그렇게 하여 양국은 상호 군사원조와 공동작전을 합의하였고, 당 태종은 고구려 멸망 후 평양 이남의 땅을 신라에 주겠다고 하였다. 당 태종은 건강을 회복하지 못하고 있었지만 복수심으로 또 전쟁을 결심했다.

그것은 고구려와 연합하고 있는 백제부터 먼저 정리한 후 남·북에서 농시에 고구려를 치는 것이었다. 또 전선 일천 척으로 금강을 따라 올라 백제 도성을 공격하는 것 역시 대동강을 따라 고구려 도성 평양을 곧바로 치기 위한 사전 훈련이기도 했다.

당 태종은 김춘추로부터 구체적인 백제 침공계획을 듣고 난 뒤 대규모 전선 건조를 명령했다. 김춘추는 아들을 인질로 남겨두고 귀국길에 올랐다.

첩보를 통해 김춘추의 구걸외교를 알고 있던 고구려는 당과 한통속이 되어 동북아의 안정을 위협하는 그를 제거하고자 했다. 김춘추는 바다를 장악하고 있던 고구려의 해상 감시를 피하지 못했다. 김춘추 일행이 탄 배가 고구려의 순라선에 잡혔으나 수행원이 김춘추로 변장하여 고구려군을 속이는 사이 그는 간신히 탈출에 성공할 수 있었다.

다) 전선 1천 척 건조

649년 5월 24일 사망한 당 태종은 죽기 전에 전쟁의 피해를 덜 입은 남쪽 먼 사천성에 전선 1천 척 건조를 명령했다. 엄청난 건조 물량 때문에 백성들이 못살겠다며 일으킨 반란을 무자비하게 진압해 가며 그 명령은 취소되지 않았다. 그렇게 건조된 대규모의 전선이 백제전과 고구려전에 투입되었으니 그의 종전 유명은 거짓인 것이다.

당 태종은 고구려에서 수 천 리 아주 멀리 떨어진 양쯔강 중류 지역인 검남도에서 전선을 건조한 후 양쯔강을 통해 산동반도 내주에 인도하라고 지시했다. 이 사실로도 우리는 당 태종이 고구려군을 얼마나 두려워했는지 알 수 있다. 그만큼 고구려는 막강한 나라였다. 엄청난 전선 건조에 부역하던 백성들은 고역에 지쳐 반란을 일으키는 등 원성이 높았다. 그러나 당 태종과 그의 부하들은 이에 전혀 아랑곳하지 않고 잘 훈련된 군대를 보내 반란자들을 모조리 살육했다. 잔인한 살육의 위협 아래 백성들은 죽기보다는 살길을 찾아 전선 건조에 매달릴 수밖에 없었다.

2) 당 태종의 사망 원인 왜곡

649년 7월 10일 당의 실질적인 건국자이고 2대 황제인 이세민이 사망했다. 그런데 중국의 기록마다 당 태종의 사인이 다르다. 중국이 자랑하는 역사서 〈자치통감〉은 649년 5월 중순께부터 이질이 악화된 것으로, 다른 사서나 학자들은 고혈압, 풍토병, 늑막염 등으로 사인이 제각각이다. 왜 기록마다 당 태종의 사인이 다를까?

중국의 역사서 기록 원칙에 '춘추필법'이란 것이 있다. 역사서가 사실에만 입각하여 객관적으로 기록되었다면 좋겠지만, 중국 중심의 중화주의 역사관을 가리키는 말이 '춘추필법'이다.

예를 들면, 고구려에 패한 당 태종이 도망가기 전에 고구려 장수에게 비단을 하사하며 잘 싸웠다고 칭찬하였고, 고구려 장수는 성벽 위에서 도망가는 당 태종에게 절을 하며 예를 표하였다는 것이다. 침략전쟁을 일으켜 국토를 유린하고 수많은 아군과 백성을 죽고 다치게 한 뒤 도망치는 적을 추격하기 바빴을 고구려 장수가 적장을 향해서 절을 했다니…, 정말 웃기는 기록이 아닌가. 중국인에게는 거짓말과 역사 왜곡이 아예 체질화되어 있는가보다.

'춘추필법'은 경우에 따라서 적국에 대한 공격이 이루어지지 않았는데도 그것이 이루어진 것처럼 기록하고, 패전한 전쟁은 아예 전쟁

자체를 없었던 것처럼 숨겨버린다. 중국의 태도를 보면, 당 태종이 변방 오랑캐인 고구려군에 패하고 눈에 화살까지 맞아 그 상처가 악화되어 죽었으니 치욕이라는 것이다. 이를 역사적 사실이라 하여 그대로 기록하였다간 그 사관은 분명 사마천처럼 궁형을 면하지 못하였을 것이다.

단재 신채호 선생은 조선상고사에서, '〈구당서〉〈신당서〉〈자치통감〉에 보이는 당 태종의 사인이 서로 다른 것을 역사 왜곡의 증거라 하며, 당 태종이 내종으로, 한질로, 이질로 죽었다고 서로 다르게 기록하고 있는 것은 고구려인의 화살에 죽은 치욕을 숨기기 위한 것이라 하였다. 그러나 〈자치통감〉 등에서 그 병을 요동에서 얻은 것이라고 한 데서는 모든 기록이 동일하니, 이는 고구려군이 쏜 화살에 맞은 여독으로 죽은 것이 분명하다'고 확증했다. 〈구당서〉는 945년, 〈신당서〉는 1060년, 〈자치통감〉은 1084년 저술되었으니 고구려 멸망 3백 년 내지 4백 년 후이다.

바. 2차 고·당 전쟁과 승리한 고구려의 내분 발생

1) 2차 고·당 전쟁

우리는 당 태종, 연개소문, 안시성 전투 등은 잘 알고 있으나 당이 백제를 쳐 이긴 여세를 몰아 고구려를 침공한 2차 고·당 전쟁에 대해서는 잘 모르고 있다. 왜 그럴까?

중국 글과 역사를 조금 배웠다는 이들은 당이 기록을 남겨놓지 않았기 때문이라고 한다. 안타깝게도 이것은 문화 사대주의에 빠져 우리 역사를 왜 남의 기록에 의지해야 하는지에 대한 어떤 의문도, 아무 개념도 없는 말이다.

어쨌든 당이 자기들 중심으로 단편적으로나마 전하는 기록이 있으니, 연남생이 압록수에서 3만 정예병을 잃고 혼자 도망쳤다는 것과 소정방이 평양성을 8개월간 포위하였다는 것 등이다. 갑자기 압록수라니? 압록수가 오늘날의 요하인지 압록강인지 알 수 없으나 압록강이라면 당군이 탁록을 출발한 뒤 난하, 대릉하, 요하를 어떻게 건넜고, 천리장성은 어떻게 통과하였을까? 그리고 당군이 진격해 올 때 고구려군은 무엇을 하고 있었기에 갑자기 당군이 압록강에 나타났다는 것일까?

당군이 요서와 요동의 여러 강을 언제 건넜고, 천리장성을 돌파하기 위해서 고구려군과 얼마나 치열하게 전투를 하였는지 알 수 있는 기록이 없다. 또 당군이 바다를 건너와서 요동 쪽의 압록강 하구에 상륙했다면 고구려의 수군과 해안 방어 진성들은 무엇을 하고 있었기에 대규모의 당군이 상륙할 수 있었을까? 기록치고는 참으로 이상한 기록이다. 기록이 없다는 것은 당군의 처참한 패배를 의미한다.

'위키백과'에 올려져 있는 '역사적 기록의 한계'를 보면, '661년부터 662년까지 벌어진 2차 고·당 전쟁은 645년의 1차 고·당 전쟁과는 달리 남아 있는 자료가 거의 없다.

한국 사학자들은 1차 고·당 전쟁 때에도 요동성 전투 이후 신성 및 건안성의 전투, 주필산 전투 등의 내용 중 많은 부분이 빠져있어 당 측이 사서에 자신의 전과가 높은 전쟁 위주로 기록하고 그 외에 크게 패전한 기록은 삭제하거나 많이 축소했을 가능성이 높다고 판단하고 있다. (…)2차 고·당 전쟁은 요동 방면으로 진출한 부여도행군의 행적을 전혀 알 수 없으며 얼마 되지 않는 기록도 압록수 부근에서의 계필하력의 당군에게 연남생의 고구려군이 패배한 것, 그리고 사수에서 방효태가 아들 13명과 함께 옥저도행군이 전멸했다는 정도만이 중국 측 사서와 한국 측 삼국사기, 일본의 일본서기에 남아 있을 뿐이다.'고 하였다. 따라서 당시 전투에 참여한 정확한 병력 규모와 전투 내용, 장수들 또한 알 수 없고 수년 뒤에 연개소문이 사망한 것으로 비정하여 2차 고·당 전쟁 중에 연개소문이 병석이지만 살아있었다는 가정 또한 명확한 근거가 없다.

즉, 중국의 기록은 2차 고·당 전쟁에서 당군이 패한 것은 연남생이 지휘하는 고구려군에게 패한 것이 아니라 당 태종을 패퇴시켰던 영웅 연개소문에 패한 것이라고 왜곡하고 있다. 왜 그럴까? 후일 연남생은 권력투쟁에서 패한 복수심으로 당에 투항하고 벼슬도 받게 되는데, 국력을 총동원한 전쟁에서 당의 대군이 조국을 변절하는 이런 못난 인물이 지휘하는 군대에게 무참히 패했다는 사실을 그들로서는 받아들일 수 없었던 것이다.

2차 고·당 전쟁은 동원한 병력의 규모, 전투 규모, 전쟁 기간 등에서 당 태종이 수행한 제1차 고·당 전쟁을 훨씬 능가했다. 660년 백제를 멸망시키자마자 당은 태종의 패전 이후 계속 준비해오던 대고구려 복수전을 시작했다. 당의 기본전략은 고구려군의 전력을 분산시키기 위해서 육군을 동원하기도 했지만, 주력은 바다를 건너온 수군이 대동강을 따라 올라와서 고구려 도성 평양성을 바로 공격하는 것이었다.

그것은 금강 물줄기를 타고 올라와서 곧바로 백제 도성을 공격하였던 그 작전이었다. 백제 도성을 바로 공격하여 며칠 만에 의자왕의 항복을 받아 재미를 본 당군은 고구려에도 이 작전을 써먹기로 했다. 고구려의 도성 평양성 역시 강을 끼고 있었다.

한반도에서 백제 부흥전쟁이 한창이던 661년 당은 대군을 동원하여 고구려를 공격했다. 그만큼 당의 장수들은 당 태종의 죽음에 대한 복수를 서둘렀다. 그들도 늙어가고 있기 때문이었다.

다시 '위키백과'를 참조하며 살펴보자. 661년 4월에 당은 드디어 모든 병력을 총동원하여 고구려 공격에 나섰다. 당 고종은 수십만 명의 대군을 6개의 부대로 편성하였다. 예전 수의 침공, 그리고 당 태종의 1차 침공 때와 확연하게 다른 점은 주력 침공군이 육지가 아닌 바다를 건너와서 고구려 땅에 상륙하였다는 것이다.

과거 고구려 침공 시 수 양제, 당 태종은 수군을 통한 부분적인 공격도 있었지만, 주력은 언제나 육군으로 난하, 요하를 건너서 요동까지 진공하던 방식이었다. 하지만 이번 당의 2차 침공은 총 6개의 부대 중 2개의 부대인 소사업의 부여도행군과 정명진의 누방도행군만 육군으로 난하와 요하를 건너 요동지역으로 침공하였고, 4개의 주력부대, 계필하력의 요동도행군, 소정방의 평양도행군, 방효태의 옥저도행군, 임아상의 패강도행군은 바다를 건너 고구려의 압록강 하구와 대동강 하구에 상륙하여 고구려 수도 평양을 바로 노렸다.

당의 이러한 고구려 침공 작전에 동원된 병력 규모는 지난번 백제 침공 시 소정방이 이끈 13만 군과 신라의 7만 군의 규모를 훨씬 웃돌았다. 고구려는 국토 면적과 동원 가능한 군사력 또한 백제와는 비교할 수 없도록 규모가 크고 달랐다. 따라서 당이 동원한 병력 규모는 백제 침공 때의 3배가 넘는 사실상 당의 모든 병력이었다.

먼저 고구려의 주력군이 진을 치고 있는 요동지역의 고구려 대군을 묶어두기 위한 양동작전으로써 과거 수차례 소규모 침공 작전을 성공적으로 수행했던 총관 정명진과 대총관 소사업으로 하여금 요동과 북쪽의 부여 방면 두 갈래로 고구려를 침공하게 하였다. 그리고 진짜 주력부대인 4개의 부대가 해상을 통해서 상륙하였다. 그중 고구려와 수차례 실전경험이 있던 계필하력이 이끄는 요동도행군은 요동 쪽 압록강 하구에, 전년 백제 침공을 성공적으로 수행했던 소정방이 이끄는 평양도행군과 임아상의 패강도행군, 방효태의 옥저도행군 등은 대동강 하구에 상륙하여 고구려의 수도 평양성으로 몰려들었다. 가을이 한창인 8월, 소정방 등의 당 대군은 패수, 지금의 대동강 하류에서 격렬히 반격하던 고구려 군대를 격파하고 인근 마읍산을 탈취하면서 마침내 평양성을 포위하였다.

그렇지만 평양성을 포위하였다는 이 기록 역시 왜곡이다. 평양성 주변에 수십 개의 진성이 있는데 겨우 마읍산 하나를 점령하였다고 평양성을 포위할 수 있었을까. 이후 고구려군의 반격으로 당군 대부분이 궤멸당한 것을 볼 때 더욱 그렇다. 그해 9월 고구려에서는 연남생이 고구려 정예부대 수만 명을 이끌고 압록강을 수비하고 있었으니 당의 어느 부대도 강을 건너오지 못하였다. 하지만 계필하력의 요동도행군이 도착하였을 때 갑작스런 한파로 압록강이 얼어 있었다. 생각지도 못한 기회를 잡은 계필하력은 군사를 이끌고 얼음 위로 기습 공격을 감행했다. 당군의 도하를 예상 못하고 방심하고 있던 고구려 군대가 패주하였다. 계필하력이 수십 리를 추격하며 고구려 군사 3만 명을 죽였다. 도망을 못 가고 남은 군사는 모두 항복하였고, 연남생은 간신히 자기 몸만 피해서 달아났다는 것이 그들의 기록이다.

가) 당군이 전멸한 사수 전투

661년의 겨울은 다른 때보다 빨리 찾아왔고 매우 추웠다. 고구려군만 하여도 당군이 감당하기 벅찬 상대인데 날씨조차 도와주지 않았다. 게다가 후방에서 예상치 못한 돌궐계 유목민 철륵의 공격까지 있자 고구려 요동 땅에 출정했던 상당수의 부대가 급히 회군할 수밖에 없었다.

종전에는 기후, 전염병, 태풍 때문에 회군하였다더니 이번에는 철륵의 반란 때문이란다. 철륵에 대한 공격에 대한 방어가 당이 전 국력을 동원하여 원정에 나선 고구려 정복보다 더 중요한 것이었을까? 어쨌든 육로로 진군하던 당군이 작전계획과는 달리 중도에 회군해 버리자 바다로 침입하여 대동강 상류의 사수 부근에 주둔하고 있던 소정방의 평양도행군, 임아상의 패강도행군, 방효태의 옥저도행군 등 당의 대부대는 완전 고립상태에 빠져버렸다. 지원부대는 육로로 안전하게 철수했는데 정작 주력부대가 철수하지 못했으니, 바다는 고구려 수군에 의해 봉쇄되었음을 알 수 있다.

바다와 강줄기를 타고 고구려 내부로 깊숙이 침공하여 허를 찌르겠다는 작전계획은 좋았지만, 갑작스럽게 상황이 바뀌자 이제 당군은 오히려 고구려 땅 한가운데에서 고립되어 사지에 빠져버린 상황이 되었다. 압록강 하구를 점령했던 계필하력의 요동도행군의 철수는 합동작전은 물론 육로로의 식량보급과 병력 지원을 기대할 수 없음을 의미했다. 기세 좋게 남의 나라를 침략했던 당의 군사들은 무릎을 끌어안고 곡소리를 냈다고 한다.

'위키백과'에서도 당의 춘추필법에 따라 2차 고·당 전쟁을 연개소문이 지휘했다고 언급하고, 당군을 17만 명이라고 했다가 뒤에 가서는 백제전의 3배인 39만 명이라며 들쑥날쑥하다. 또 압록수가 현재의 요하인지 아니면 압록강을 말하는 것인지도 불분명하고, 당의 군대가 어디서 출동하였고 어떻게 전투를 하였으며 어디로 퇴각했는지, 그리고 고구려군은 어떻게 대응했는지 등 그 전황을 명확하게 알 수 없으니 기록이라 할 수 없을 정도로 온통 뒤죽박죽이다.

패전을 숨기기에 급급하면서 당군이 우세했던 전투 위주로 기록하였으니 연결이 되지 않고 이해하기도 어렵다. 고구려군에게 얼마나 처참하게 당했으면 이렇게 횡설수설하는 것일까? 이후 당 조정은 고구려 원정을 중단한다고 발표한다.

나) 당군의 참패와 종전 선언

662년이 되자 전열을 정비한 고구려는 대대적인 반격에 나섰다. 수군을 지휘했던 소정방은 간신히 살아 돌아갔으나 당의 장수들 대부분은 목숨을 잃었다. 대 참패였다.

계속하여 '위키백과'를 참조하며 살펴보자.

> 662년 2월, 드디어 고구려는 방어에서 공격으로 나섰다. 병력을 집결시킨 고구려는 고립되어 있는 당군에 총공격을 가했다. 추위가 혹독했다. 특히 방효태가 이끄는 옥저도행군은 따뜻한 중국 남부지역의 부대로 고구려의 추위를 견디기 더더욱 어려웠다. 고구려의 대군은 당군 임아상의 패강도행군, 방효태의 옥저도행군을 공격하여 몰살시켰다. 이 전투에서 패강도행군은 완전히 무너졌고 대총관 임아상은 행방불명되었다.
>
> 한편, 옥저도행군 총관 방효태는 그의 부장들이 포위망을 뚫고 유백영이나 조계숙의 다른 진영으로 탈출하기를 권하였으나 '유백영이 어떻게 나를 구원하겠는가? 또 내가 데리고 온 향리 자제 5천여 명이 이제 모두 죽었는데 어찌 나 한 몸만 살아남길 구하겠는가?' 하였다. 이어서 고구려군이 공격하니 죽은 자가 수만 명에 달했고 방효태는 몸에 화살이 고슴도치처럼 꽂히면서 그의 13명 아들과 옥저도행군은 사수에서 몰살하였다.

당은 2차 고·당 전쟁에 병력을 최소 30만 명에서 많게는 50만 명 정도 동원했을 것이다. 어쩌면 더 많았을지도 모른다. 고구려의 주력군을 묶어둘 목적으로 원정에 나선 당군 3분의 1은 난하, 요하를 건너 육로로 진군했으나 그들이 발을 들여놓을 수 있었던 곳은 요하가 한계였다. 그들은 당 태종이 그랬던 것처럼 고구려의 천리장성을 돌파할 수 없었다.

당군의 3분의 2는 바다와 강을 통해서 곧바로 평양성으로 향했다. 시도는 좋았으나 백제와 달리 고구려에서는 내부반란이 일어나지 않았다. 전선은 교착상태에 빠졌고 겨울 추위는 혹독했다. 고구려군은 성안에서 당군이 지치기를 기다리고 있었다. 시간이 흐를수록 수십만 대군이 먹을 식량과 식수 문제가 심각해지면서 당나라 병사들의 사기가 위축되었다. 해가 바뀌고 추위가 조금 풀리자마자 전열을 정비한 고구려군의 대대적인 반격이 시작되었다. 도망갈 곳을 잃은 당나라 병사들이 크게 소리 내어 울었다는 것은 그들이 침공할 때와는 달리 바다로 탈출할 수 없었음을 말해준다.

당군 지휘부 6명의 행군총관 중 3명이 목숨을 잃을 정도로(패강도행군 대총관: 임아상(전사), 평양도행군 총관: 소정방(대패), 요동도행군 대총관: 계필하력(대패), 부여도행군 대총관: 소사업(대패), 옥저도행군 총관: 방효태(전사), 루방도행군 총관: 정명진(전사)) 처참하게 패했으니 살아서 돌아간 병사는 얼마 되지 않았다. 이후 당은 고구려 원정 중단을 선언한다.

해가 바뀐 663년, 계속된 전쟁으로 당의 사정이 극히 어려워졌다. 패전의 후유증으로 전쟁에 참전한 군인들을 제대로 챙겨주지 못할 정도로 나라 경제가 어려워졌고 백성들의 삶은 피폐해졌다. 그때 백제 땅의 당군은 백제 부흥군에 포위된 상태에서 전멸을 걱정하고 있었으니 당이 백제를 먼저 평정한 후 남과 북 양쪽에서 고구려를 치려던 계획은 망상에 불과했다. 고구려를 침공했다가 막심한 피해를 본 당 조정은 백제 땅 웅진도독부의 철수 여부를 현지의 웅진도독부에 위임해 버렸다. 당은 나라 바깥 사정에 신경을 쓸 여력이 없을 정도로 패전의 후유증이 컸다.

결국, 당 고종은 663년 8월 20년 동안 계속되었던 고구려 원정을 중단한다는 조서를 내렸다. 당이 고구려를 이길 수 없어 마침내 전쟁을 그만두겠다는 종전 선언은 고구려의 종주권을 인정한다는 사실상의 항복 선언이었다. 644년 당 태종이 시작한 전쟁은 20년 만에 고구려의 승리로 끝났다. 고구려는 중국 수와 싸워 이긴 데 이어 당의 2차례에 걸친 대규모 침략전쟁에서도 마침내 승리하였다.

후일 당은 664년 10월에 연개소문이 죽었다고 기록했다. 그 의미는 644년 이후 663년까지 20년간 당이 고구려에 연전연패한 것은 당 태종이 그랬던 것처럼 연개소문에게 패한 것이지 연개소문이 없는 고구려에 패한 것이 아니라는 것이다. 역사의 조작이다. 그리고 665년 8월 당 고종은 신라 왕자 김인문과 고구려 보장왕 태자 복남을 당으로 소환하여 봉선의식에 참여케 했다고 한다. 이것 역시 중화사상에 집착한 역사 조작이니, 패전한 당이 최종적으로 전쟁에서 승리한 전승국 고구려의 태자를 그들의 봉선 행사에 소환했다는 것은 있을 수 없는 일이다.

2) 승리 뒤 국론분열

가) 권력투쟁의 시작

644년 당 태종의 선공으로 시작된 전쟁이 663년 마침내 고구려의 승리로 끝난 것처럼 보였다. 백제가 멸망하였어도 고구려는 강건하기만 하였다.

도무지 당으로서는 어찌 해볼 도리가 없었다. 당 태종 이후 20년 동안, 수와의 전쟁까지 포함하면 70년 동안 국가총력전을 펼쳤던 고구려는 최종적인 승리에 환호했다. 백전불퇴의 전사로 뭉쳐진 나라가 고구려였다. 그러나 호사다마라고 할까, 고구려의 위기는 전쟁에서 승리한 뒤에 왔다.

2차 고·당 전쟁에서 승리하자 축제분위기 속의 고구려는 권력투쟁에 빠져들었다. 견고하게 보이던 고구려 내부에 균열이 발생하기 시작했으니 대막리지 연남생에 대한 불신이었다.

661년 8월 당군이 침공했을 때 평양성이 포위당하는 등 위기를 맞았다. 그때 연남생의 작전 실패로 압록수 하류를 방어하던 고구려 정예부대가 패퇴했다. 그러자 당군은 백제 침공 때 강을 거슬러 올라 도성을 곧바로 공격하여 백제왕의 항복을 받았던 그 재미를 고구려 대동강에서 또 재현하고자 했다. 고구려의 위기였다. 그러나 다행히 철륵의 개입과 사수 전투의 승리로 당군을 섬멸할 수 있었다. 하지만 압록수의 패퇴는 혼자만 살겠다고 도망친 연남생을 불신하는 계기가 되었다. 연남생이 대제국 고구려를 운영할 그릇이 못 된다는 불신은 보장태왕뿐 아니라 그의 동생들에게도 마찬가지였다.

하지만 전쟁에서 최종적인 승리를 챙겼으니 압록수에서의 한 번 패퇴를 불신의 모든 이유로 보기 어렵다. 그렇다면 압록수 패퇴 외에 무엇이 대막리지 연남생을 불신하게 하고 대제국 고구려로 하여금 골육상쟁에 빠지게 만들었을까?

❶ 660년 백제가 침공당할 때 구원병 파견에 소극적이었다.

한반도에서 국력이 가장 약했던 신라는 백제와의 결전에 전군을 동원했다. 만에 하나 전쟁에 패하기라도하는 날에는 멸망을 피할 수 없는 상황이었기에 신라는 다른 선택이 없었다. 신라는 고구려 국경에 배치된 병력까지 백제 공격에 동원하였다. 국경을 비우는 것은 큰 도박이었는데 그것을 가능하게 한 것은 당군이 그해 5월

23일 시라무렌 지역에 전개한 군사작전 때문이었다.

당은 돌궐계 아사덕추빈과 연타제진 등이 병력을 이끌고 해족을 토벌해 항복을 받아냈고, 이어 아사덕추빈을 시켜 거란을 공격, 송막 도독인 야율아복고를 잡아 낙양으로 끌고 갔다. 고구려와 정면충돌이 아니고 국경을 넘은 것도 아닌, 다만 고구려에 협조적인 거란과 해족을 제압하는 제한적인 군사행동이었다.

이런 당군의 출동에 긴장한 고구려는 병력을 신성에 집결시켰다. 광활한 시라무렌 초원을 관할하는 신성은 당군이 요동으로 진출 시 고구려가 당군의 옆구리를 노리고 출격하는 군사적 요충지였다. 신성에 고구려군이 주둔하고 있는 한 당군은 요동으로 진군을 함부로 할 수 없었다. 그때 시라무렌 초원과 신성에 주둔하고 있던 고구려군에 대한 당군의 공격은 없었다. 그런데도 나·당 연합군이 백제를 동과 서에서 협공하는 작전이 시작된 660년 7월, 그 중요한 시기에 고구려 군대는 신라 북쪽 국경을 넘어 백제를 지원하지 못했다. 당의 기만전술임을 알아챘으나 그래도 전략적 요충지 시라무렌에 대한 침공을 염려하여 백제를 지원할 군대를 움직이지 못했다는 것이다.

그렇다면 당시 정말 당은 백제와 고구려, 두 전선에서 동시에 전쟁을 수행할 능력이 있었고, 고구려는 그럴 형편이 못되어서 또 당군을 두려워해서 백제를 지원하지 못했을까? 당시 대륙을 지배하고 있던 고구려군이 정세 판단에 그렇게 어두웠을까? 혹시 이것은 당이 고구려를 능멸하기 위해서 그들의 전략에 고구려가 두 전선 전략으로 맞서지 못했다며 깎아내리고 왜곡하기 위한 것은 아닐까?

아마 진실은 고구려가 대규모 지원군을 준비하고 있었으나 백제가 내부반란으로 너무 빨리, 그것도 단 10일 만에 의자왕이 생포되는 바람에 고구려군이 출동하여 지원할 기회를 얻지 못한 것이리라. 어쨌든 백제가 멸망한 후 고구려는 북쪽과 남쪽 양쪽에서 전선을 유지해야 하는 부담을 안게 되었고, 그 모든 비난은 연남생의 몫이었다.

❷ 연남생이 대당 유화책을 주장하다.

보장태왕과 연남생은 2차 고·당 전쟁을 승리로 이끌었다. 2차 고·당 전쟁은 1차전보다 더 큰 전쟁이었고 그만큼 값진 승리였다. 1차 고·당 전쟁 때 패전 후 당 태종이 고구려와 전쟁을 그만두라고 유명을 내렸듯이 당 고종 또한 종전을 선언하였다. 고구려와 승산 없는 전쟁을 계속하다간 수의 꼴이 될 것이란 소문이 돌았기 때문이었다. 말이 종전일 뿐 사실상 패전선언이었고 고구려를 동북아의 유일 종주국으로 인정한 것이었다.

당과의 두 번째 대전에서 궤멸적인 타격을 입히며 승리한 연남생은 이 승리가 최종적인 승리라고 확신하며 선왕 영류태왕이 그랬던 것처럼 피폐된 나라의 경제를 재건하는 데 주력하기로 했다. 사대주의자들은 연남생이 압록수에서 당 계필하력의 군대에 대패하고 간신히 목숨을 구한 적이 있기 때문에 당 군대를 두려워하여 전쟁을 피하려했다고 주장한다. 그렇지만 당군의 최고 지휘관까지 여러 명 죽이며 최종적으로 전쟁에서 승리했으니 다수의 전투 중 한 번의 패배는 연남생 정권이 책임을 져야할 만큼 큰 문제가 되지 않았을 것이다.

하지만 연남생의 유화책은 대당 강경파의 불만을 초래했다. 불만을 품은 무리의 선두에 보장태왕과 동생 연남건이 있었다. 특히 연남건은 형의 유화책은 아버지 연개소문의 유지를 저버리는 것으로 보았다. 또 대당 유화책은 고구려 강경파들의 자존심을 건드리는 일이기도 했다. 혹 패전하였다면 다르게 생각할 수도 있겠으나 엄청난 희생을 치르고 승리했음에도 적국에 저자세를 취하는 것은 많은 소장 장수들을 비롯한 강경파의 자존심에 상처를 입히는 것이었다.

무엇 때문에 목숨을 걸고 싸웠으며 전쟁터에서 죽은 사람들의 명예는 어찌 되는 것인가? 고구려는 말갈, 거란을 비롯하여 당에 반감을 가진 여러 종족을 아우르는 대제국이었다. 자존심 문제를 떠나서 종주국이 이렇게 약하게 나오면 주변의 번국들과 종족들에게 가볍게 취급당할 우려가 있었다. 한 번 실추된 위상을 회복한다는 것은 그렇게 쉬운 일이 아니었다. 이제까지의 전쟁도 고구려 혼자서 수행한 것도 아닌데 도통 체면이 서지 않는 대당 유화책으로 장차 정국을 어떻게 이끌고 나아가겠다는 것인가?

그러나 연남생의 생각은 달랐다. 계속된 전쟁으로 고구려의 물적 인적 손실이 막심했다. 오랜 전쟁으로 고구려는 피폐하여 있었고 이제는 강력한 형제 나라 백제도 없었다. 승리했으나 배상금을 받은 것도 아니었고 전리품으로 군사들을 위로할 수 있는 처지도 아니었다. 아무것도 챙기지 못한 승리였기에 급한 것은 고구려였다. 전쟁으로 가족을 잃은 사람들도 많았고 그들에게는 위로가 필요했다. 마침 당이 종전을 선언했으니 이제는 경제 회복에 힘을 모을 때였다.

이런 상황에서 선왕 영류태왕의 온건책에 보조를 함께 했던 무리가 연남생을 지지했다. 연남생은 영류태왕이 그랬던 것처럼 상당히 굴욕적인 자세로 당과 화친하려 했다. 이렇게 전쟁으로 인한 피해 복구를 위해서 필요하다면 당에 저자세라도 취해야 한다는 보수파와 연개소문의 유지를 받들어 중원 정복에 나서야 한다는 강경파는 첨예하게 대립하였다.

❸ 보장태왕이 왕권 강화에 나서다

당은 연개소문이 살아있을 때뿐만 아니라 사망한 이후에도 고구려를 상대로 한 전쟁에서 한 번도 승리하지 못했다. 전사들로 구성된 정복왕조 고구려는 광활한 판도의 강력한 대제국으로 독자적인 연호에다 왕은 '왕 중의 왕'이라는 의미로 태왕이라 하였다.

보장태왕은 연개소문이 사망하자 자신보다 훨씬 나이가 어린 연개소문의 아들들을 제치고 예전과 같은 왕권의 회복을 바랐다. 그는 강력한 왕권을 행사하였던 영양태왕, 영류태왕을 이은 왕이었으니 연개소문 이후에 자신이 태왕으로서 권위를 되찾고 전면에 나서 나라를 통치하는 것은 당연한 순서라고 생각했다.

보장태왕은 비밀리에 자신의 세력을 모으고 있었다. 그는 자신보다 한참 어리고 경험도 부족한 연개소문의 세 아들에게 대제국 고구려의 통치를 계속 맡겨 놓을 수 없었다. 더구나 20년 동안 계속되었던 전쟁에서 마침내 당이 패배를 선언하면서 고구려는 명실상부 동북아의 최강자로 우뚝 선 시점이었다. 권력은 나눠가질 수 없었다. 그는 대제국 고구려의 태왕은 바로 자신이라는 사실을 분명하게 하고 싶었다.

태왕의 의중을 알고 태왕의 사람들이 기회를 노렸다. 왕권 회복을 위해서라면 그들은 모든 것을 희생할 수 있었다. 자신들의 충정을 보여주고 득세할 좋은 기회였다. 보장태왕은 연남생의 최대 적수는 그의 동생들이라고 생각하고 동생들에게 힘을 실어주기 시작했다.

나) 망국으로 끝난 권력투쟁

고·당 2차 전쟁이 끝나고 얼마 지나지 않은 665년, 대막리지 연남생은 전국을 순회하며 위무 활동에 나서기로 했다. 당이 종전을 선언한 것은 항복한 것이나 마찬가지이니 고구려의 최종적인 승리였다. 연남생은 전쟁으로 상처 입은 사람들을 위로하고 피폐된 나라의 경제를 재건하는 데 주력하고자 했다. 물론 대막리지로 전쟁을 승리로 이끈 자신의 존재를 알릴 필요도 있었다.

동생들을 신뢰하는 연남생은 도성을 동생들에게 맡기고 측근인 대형 불덕과 염유 그리고 아들 연헌성을 데리고 평양성을 떠나 순시에 나섰다. 그때까지는 형제들 사이에 갈등이 없었던 것이다.

고구려제국이 동북아 최강국으로 우뚝 선 지금, 왕권을 오롯이 세워 제국의 진정한 태왕이 되고 싶은 보장태왕은 연남생이 도성을 비우는 절호의 기회를 놓칠 수 없었다. 준비를 마친 태왕이 연남생에게 도성으로 돌아오라고 했다.

뒤늦게 사태를 파악한 연남생이 도성으로 돌아오라는 왕명을 거부하자 그의 가족을 잡아들이라는 명령이 떨어졌다. 이 과정에서 도성에 남아 있던 연남생의 아들 헌충이 칼에 맞아 죽는 불상사가 발생했다. 저항할 능력도 없는 대막리지의 어린 아들을 국법에 따른 절차도 거치지 않고 죽인 것은 형제간의 갈등에 제3의 세력이 개입하고 있음을 강력하게 보여주는 사건이었다. 이 사건으로 오해 수준에 있던 형제 관계는 돌이킬 수 없는 파국으로 치닫게 되고, 도성으로 돌아갈 수 없는 연남생은 갈 곳이 없는 처지로 전락하고 말았다.

연남생은 옛 수도였던 국내성으로 들어갔다. 거기서 남생은 동생을 지지하는 세력과 싸웠으나 전세는 점점 불리해졌다. 마침내 복수심에 눈이 먼 그는 주위의 반대를 무릅쓰고 적국 당에 지원을 요청하기로 한다. 초기에 당은 연남생의 군사적 지원 요청에 별다른 반응을 보이지 않았다. 당은 고구려와는 싸워서 이길 수 없음을 깨닫고 이미 종전을 선언한 상태였고, 또 말발도 먹히지 않고 실익도 없는 고구려의 내분에 개입하고 싶지 않았다.

당이 미온적인 태도를 보이는 가운데 평양에서 출동한 태왕의 군대에게 계속 패배하자 연남생은 666년 5월 아들 연헌성을 당에 보내 인질을 자청했다. 배신의 충격과 복수심에 빠진 연남생은 나라의 앞날을 생각하는 대신 그냥 악마가 되기로 작정했다. 당에 입조한 연헌성은 고종에게 그동안 있었던 일을 상세히 설명하고 지원을 요청하였다.

생각과는 달리 내분이 심각하여 고구려가 완전히 두 쪽으로 갈라진 것을 확인한 당은 마침내 6월 7일 계필하력을 요동도안무대사로, 방동선과 고간을 행군총관으로 삼고 연헌성을 우무위 장군으로 삼아 연남생을 지원하기 위해서 출동했다. 설인귀와 이근행이 후속부대를 지휘하며 따랐다. 일단 연남생을 고구려에서 탈출시킬 목적으로 기동에 편리한 소규모 병력이었다. 연남생으로부터 모든 정보를 직접 듣고 나서 신중히 결정하여도 하등 해가 될 것이 없었다.

666년 9월 당군 계필하력의 돌궐군 기병대와 방동선의 군대가 평양에서 출동한 고구려군과 현토성 부근에서 전투를 벌였다. 짧은 전투 끝에 당군은 현토성에 고립되었던 연남생과 합류하는 데 성공하였다. 연남생은 자신을 지지하는 국내성, 창암성, 목저성, 남소성 등 9개 성과 10만 호 50만 명에 이르는 백성을 데리고 계필하력에게 투항하고 요동도독 겸 평양도 안무대사 겸 현도군공이란 당의 벼슬을 받았다. 당과의 전쟁도 끝난 마당에 고구려의 대막리지가 적국 당에 투항이라는 듣지도 보지도 못했고 생각할 수도 없는 일이 일어난 것이었다.

당이 고구려 내분에 개입하기로 하고 또다시 군대를 일으킨다는 정보를 접한 고구려 보장태왕은 어쩔 수 없이 연남건을 대막리지로 임명하고 전쟁준비에 들어갔다. 이때를 전후로 골육상쟁에 실망한 적지 않은 고구려 인사들이 나라를 등지고 떠나기 시작했다. 형제간의 권력다툼은 드문 일이 아니었다.

서기 197년 고국천왕이 후사 없이 죽었다. 왕위 계승 1순위였던 발기는 자신도 모르는 사이에 동생인 연우가 왕비 세력과 손잡고 왕위를 차지하자 군사를 이끌고 와서 반발했다. 그러나 신하들의 호응도 없고 일이 뜻대로 되지 않자 발기는 공손탁에게 가서 군사를 빌려 고구려에 쳐들어왔다. 전투 끝에 막내 동생 계수가 지휘하는 고구려군에 밀린 발기가 "불의한 연우를 위해 네가 큰형을 죽이려

하느냐?" 하였다. 이에 계수가 "외국의 군대를 끌어들여 사사로운 분풀이를 하는 것은 연우 형보다 더 의롭지 못합니다. 장차 어찌 조상을 뵙겠습니까?" 하였다. 이에 발기는 부끄러움을 이기지 못하고 자살하였다.

부끄러움으로 자결한 발기와 달리, 연남생은 그의 변절로 군사와 백성이 상한 것은 물론 조국을 멸망시키는 데 앞장섰고 적국 당의 벼슬을 받으면서 가문의 영예도 끝났다. 연남생이 자기를 팔기 위해서 당 고종 앞에 엎드렸을 때 연개소문이 살아있었더라면 어떤 심정이었을까.

사. 3차 고·당 전쟁

1) 신성 함락

계필하력을 따라 당에 입조한 연남생은 고구려에 대한 결정적이고 중요한 정보들을 제공했다. 복수심으로 눈이 먼 그는 대막리지직을 포기하는 것뿐만 아니라 조국 고구려의 멸망에 동의하였다. 결과적으로 그의 배신은 나라뿐만 아니라 자신의 가문도 문을 닫게 하는 끔찍한 재앙이었다.

667년이 되자 계속된 징발과 징집으로 지쳐있는 당나라 전체에 또다시 고구려와 전쟁 소문이 퍼졌고, 소문은 곧 사실이 되었다. 군수품 수송 등 전쟁준비에 또다시 운하가 큰 역할을 했다. 탁군은 전국에서 병역과 부역으로 징집된 사람들로 북적였고, 징발된 전쟁 물자는 산더미를 이루었다.

연남생의 정보를 바탕으로 대대적인 전쟁 물자를 준비하고 작전계획을 수립한 당 고종은 당 태종의 부하였던 이적을 총사령관으로 하고 연남생을 선봉으로 삼아 고구려를 침공하게 하였다. 전쟁에 나선 당 최고지휘관들 대부분은 70세를 훌쩍 넘긴 노인들이었으니, 그것은 당 태종의 복수전을 의미하는 것이었다. 총 군세는 당군 50만 명, 신라군 10만 명으로 예전의 고구려 출정 군세와 비슷했다. 그러나 연남생이 고구려 대막리지 깃발과 함께 당군의 선두에서 길을 안내하면서 전쟁의 양상은 판이하게 전개되었다.

667년 2월 이적은 휘하 장군들에게 먼저 신성 함락을 명령하였다.

"신성은 고구려 서쪽 최강의 요새이니 먼저 이곳을 빼앗지 못하면 나머지 성도 쉽게 공취할 수 없다."

돌궐기병대를 비롯한 최정예부대가 대대적인 공격에 나섰다. 고구려를 침공할 때마다 신성에서 출격한 고구려군에 이미 여러 차례 혼이 난 당의 군대는 복수심에 가득 차있었다.

이적이 신성을 포위하고 공격하는 틈을 타서 연남생은 남소성을 경유하여 자신의 본거지인 국내성에 안전하게 도착하였다. 신성의 고구려군은 혼란에 빠졌다. 당군의 선두에 고구려군이 깃발을 휘날리고 있었으니 적군인지 아군인지 알 수 없는 데다 옛 도성 국내성까지 대막리지 연남생과 함께 적군에 합류하였다는 믿을 수 없는 소문도 돌았다. 소문이 사실이라면 신성은 등 뒤에도 적군이 있었으니 도성 평양의 지원을 기대하기 어려운 상황이었다.

신성의 고구려군에게는 앞과 뒤가 모두 전선이었다. 단 한 번도 외적에게 함락당한 적이 없는 신성은 당 이적의 군대와 연남생의 군대 사이에서 고립되었으나 잘 버티고 있었다.

이렇게 신성이 당군을 상내로 항선하고 있는 사이 연남건은 신성을 구원하기 위해 진군로 개척을 서둘렀다. 연남건은 일찍이 연남생의 지시에 따라 당에 투항했던 창암성, 목저성, 남소성 등을 탈환하면서 국내성의 연남생과 당군 이적과의 연계를 차단하는 데 성공하였다.

이제 고구려 지원군이 신성과 함께 합동으로 당군을 치기 직전이었으니, 이적의 당군은 신성에서 발이 묶였고 연남생은 국내성에서 고립된 상황이었다. 이렇듯 고구려군이 당군에 대한 반격을 순조롭게 준비하고 있을 즈음, 뜻밖에도 신성의 '부구'라는 자가 성주를 묶고 성문을 열어 당군에 투항하였다. 내부반란이었다.

신성의 부구가 연남생의 사주를 받았는지 당군의 항복 권유에 설득 당했는지 등 성주를 배신하고 당에 투항한 이유는 알려지지 않았으나 이로 인해 신성 주변의 고구려의 16성이 모두 당군에 함락되면서 고구려군은 중요한 거점을 상실하게 되었다. 667년 9월 14일이었다. 2월부터 9월까지 무려 8달가량 고군분투하며 항전한 신성은 그렇게 당군에 허무하게 함락당하고 말았다.

신성의 고구려군은 당군에게 치명적인 위협이었다. 신성에서 출격하는 고구려군은 늘 당군의 옆구리와 등을 노렸다. 신성이 존재하는 한 당군은 평양으로 전진하거나 장안으로 후퇴할 때도 마음대로 작전을 전개할 수 없었다. 그런 신성의 함락에 고무된 당의 장군들은 고구려군과 전투에서 처음으로 승리할 수 있다는 자신감을 갖기 시작했다. 그 자신감은 고구려군의 분열로 말미암아 뜻하지 않게 굴러온 것이었다.

당의 지휘관들은 연남생을 통해서 고구려의 극비 정보와 이를 바탕으로 고구려군의 전략전술을 예측할 수 있었으나 고구려는 그렇지 못했다. 예민하고 중요한 정보가 당군에게 노출되는 만큼 고구려군은 전투에서 불리했다. 또한, 연남건의 고구려군은 연남생의 군대를 완전히 진압한 것도 아니었다. 고구려군은 당군뿐 아니라 같은 고구려군과도 싸워야 했으니 그 사기는 말이 아니었다. 이렇게 고구려는 분열된 상태에서 당과 싸워야했다.

신성의 중요성을 잘 아는 연남건은 15만 대군을 보내 신성을 탈환하고자 하였다.

"반드시 신성을 탈환하라! 신성이 건재한 한 시라무렌은 고구려의 땅이다. 요동을 노리던 적이 공격하거나 도망을 칠 때 그토록 험한 진펄을 택할 수밖에 없었던 이유, 또 평양성으로 향하던 적이 전투를 중단하고 황급히 후퇴할 수밖에 없었던 이유는 오로지 이곳, 시라무렌에서 출격하는 고구려군이 그들의 옆구리를 치는 것을 두려워했기 때문이다."

신성에서의 전투는 서로가 질 수 없는 전투였다. 신성 주변에서 대규모 기병전이 벌어졌다. 초반은 고구려군이 우세하였다. 그러나 당군을 대파하고 추격하던 중 설인귀가 지휘하는 당군의 기습을 받고 고구려군은 금산으로 물러났다.

전열을 정비한 당군이 금산에 주둔 중인 고구려군을 공격해 왔다. 고구려군이 반격하자 당군은 퇴각을 시작했다. 이를 보고 고구려군이 멀리까지 추격을 했다.

적의 유인전술이었다. 적의 함정에 빠져 포위된 고구려군은 대패하였고 남소성, 목저성, 창암성 등 7개 성도 함락되면서 수만 명의 말갈군까지 전사하였다. 고구려가 15만 정예 대군과 신성을 한꺼번에 잃은 것은 몸을 지탱해주는 허리뼈가 부러진 만큼이나 큰 타격이었다.

사기충천한 당군은 동쪽으로 빠르게 진군하여 마침내 국내성의 연남생과 연결하는 데 성공하였다. 사실상 고구려의 천리장성이 무너진 셈이었다. 고구려군은 비록 충격적인 대패를 당하였지만 신속하게 전열을 가다듬고 다음 전투에 임하였다.

신성에서 고구려의 대군을 격파한 여세를 몰아 압록강을 건너 곧바로 평양성으로 진격하려던 당군의 의도가 고구려군의 강력한 반격으로 좌절되었다. 부여성에서 출동한 고구려군의 기습을 받은 당군은 큰 피해를 입고 물러설 수밖에 없었다.

이후 일진일퇴를 거듭하던 양쪽 군대는 667년 11월이 되자 겨울나기에 들어갔다. 당군은 신성과 요동성 일대에서, 연남생은 국내성 일대에서 월동에 들어갔다.

어느새 전황이 달라져 있었다. 1,2차 고·당 전쟁 때와는 달리 겨울이 와도 당군은 본국으로 철수하지 않고 점령한 고구려 땅에서 겨울나기를 하는 것이었다. 생각하면 모든 것이 연남생 덕분이었다.

긴 겨울과 함께 전황이 고착되려는 기미를 보였다. 당군 지휘부는 압록강을 건너기 위한 작전회의를 날마다 가졌다. 지쳐있는 고구려군에게 시간을 허락할 수 없었다. 만약 이번에도 고구려의 항복을 받지 못하고 패한다면 당은 재기불능의 상황에 빠질 것이었다.

당군에게 절실한 것은 바다를 통한 식량수송과 병력지원이었다. 그러나 그들의 수군은 이미 고구려 수군에 격파당한 관계로 모든 보급을 육로에 의지할 수밖에 없었다. 그렇지만 육로를 통한 식량 보급은 원활하였고 전투에서 병력손실을 크게 보지도 않았으니 전체적 전황은 고무적이었다. 휴식을 취한 고구려군이 다시 전투력을 회복할 우려도 있었지만, 자기 땅에서 월동하는 당군을 보고도 공세를 취하지 못하는 것을 보면 고구려군은 전력의 열세에다 지쳐있음이 분명했다.

1년 가까이 대군을 동원하여 전쟁을 수행하고 있음에도 압록강 도하에 실패하자 초조함을 감추지 못한 당 고종이 장안에서 속전속결을 재촉하였다.

"고구려가 내란에 빠지고 대막리지 남생이 스스로 투항해 온 것은 하늘이 짐에게 천하 통일의 기회를 내려 준 것이다. 이번 기회를 놓친다면 다시는 우리에게 기회가 오지 않으리라. 전국의 모든 병력과 물자를 요동으로 보내서 반드시 고구려를 끝장내도록 하라!"

2) 부여성 함락

해가 바뀌어 668년 초가 되었다. 고구려와 전쟁을 하는 사이 서역의 상황이 점점 악화되고 있었으나 당 고종은 수모를 감내하면서 모든 국력을 오직 고구려와의 전쟁을 수행하는 데 집중하기로 했다. 당 고종은 추위가 채 가시기도 전에 동원 가능한 모든 병력을 전국에서 끌어 모아 서둘러 요동으로 증파했다.

당의 증원 병력이 신속하게 신성에 도착했다. 증파된 병력을 바탕으로 한층 강화된 당군이 살을 에는 듯한 삭풍을 뚫고 공격에 나섰다. 당군은 평양성이 아니라 부여성으로 향했다. 당군은 부여성을 등 뒤에 둔 채 압록강을 건널 수 없었다. 668년 2월 6일 아직 추위가 채 가시지 않은 가운데 부여성이 함락되었고 부여성 관할 하의 40여 개의 성도 차례차례 무너졌다.

연남건은 부여의 땅이 당군의 말발굽에 유린당하는 것을 두고 볼 수 없었다. 고구려의 뿌리는 부여이고, 부여성은 부여의 왕성이었다. 고구려의 군사력은 이미 상당히 고갈되었으나 연남건은 부여성을 수복하기 위해서 또다시 대규모 기병대를 출격시켰다. 그 기병대는 불패의 전사들로 구성된, 고구려가 보석처럼 아끼는 최정예 기병대였으니 사실상 최후의 기병대였고 마지막 공세였다.

부여성은 신성보다 더 먼 곳이었다. 평양성에서 먼 길을 달려온 고구려 기병대는 부여성 인근 설하수에서 증원된 당군과 대규모 전투를 벌였다. 며칠간 계속된 치열한 전투 끝에 중과부적으로 패배했다. 그때 고구려의 주력 기병대는 당의 주력 기병대와 함께 사실상 소멸된 것으로 보인다. 패배한 고구려군은 평양성으로 후퇴하기 시작했다.

당군 총사령관 이적은 고구려군을 추격하는 여세를 몰아 압록강변에 위치한 고구려의 진성으로 향했다. 고구려는 오래전부터 압록강 하구에 서안평성, 구련성, 박작성, 대행성 등을 쌓아 압록강 방어 체계를 구축해놓고 있었다. 강을 건너면 '압록책'이 있었으니 강을 도하하려면 2중 3중의 방어선을 뚫어야 했다.

격렬한 전투 끝에 당군은 대행성 등을 함락시켰다. 이제 적군이 압록강을 건너면 평양성이 지척이었으나 고구려군의 패퇴는 멈출 줄을 몰랐다.

비장한 각오로 전투에 나선 고구려군이지만 막상 적의 진중에서 휘날리는 연남생의 대막리지 깃발을 보는 순간 사기가 땅에 떨어졌다. 고구려군이 당군과 함께 같은 고구려군을 공격하는 믿을 수 없는 상황이 눈앞에서 벌어지고 있었다.

승리가 아니라 그저 죽기 싫어서 싸우는 고구려군은 완전히 지쳐 버렸다. 당군과 달리 고구려군은 병력이 부족했고 외부의 지원도 기대할 수 없었다. 고구려는 부여성 함락을 기점으로 완전히 수세에 몰렸다. 평양성은 사실상 고립되었다.

3) 평양성 함락

부여성과 대행성 등을 함락시키면서 배후의 위협을 모두 제거한 당군은 후방의 병력까지 집결시킨 후 도하준비에 들어갔다. 목표는 압록책 돌파였다. 668년 6월, 전 부대의 공격방향을 평양성으로 정한 당군은 압록강 방어선 돌파를 시도하였다. 수십만 명의 당군이 개미 떼처럼 무리를 이루어 압록강을 건너기 시작하였다.

치열한 전투 끝에 고구려의 압록강 방어선이 무너졌다. 한번 시작된 고구려군의 후퇴는 멈출 줄을 모르고 계속되었다. 많은 고구려군이 추격하는 당군에 의해서 죽거나 포로가 되었고, 청천강을 지키는 욕이성도 얼마 버티지 못하고 당군에 함락되었다.

6월 22일 신라의 대군이 평양성을 향해 북쪽으로 진격해오자, 신라군의 진격을 저지해야 할 남쪽의 한성과 대곡성 등 2군 12개 성들이 싸우지도 않고 신라에 투항해 버렸다.

북에서는 당군이, 남에서는 신라군이 평양성을 향하여 숨 가쁘게 조여 왔다. 7월 다급해진 연남건이 왜에 구원군을 요청하였으나 금강 하구 전투에서 패전한 후 아직 전력을 회복하지 못한 왜는 이를 거절하였다.

7월 16일 고구려군은 평양성 인근의 사천원 전투에서 신라군을 맞아 분전하였으나 결국 패하였다. 마침내 신라군도 평양성 포위에 합세했다. 8월 26일 당군과 신라군을 비롯하여 돌궐, 거란, 해족 등 50만을 넘는 대군이 공성기를 동원하여 평양성을 공격하기 시작했다. 공격은 병력을 교대하며 밤낮으로 이루어졌다.

평양성이 포위당한 지 한 달이 지난 9월 12일, 당군과 신라군의 공격이 계속되는 가운데 보장태왕이 연남산과 수령 98명을 함께 보내 당군 총사령관 이적에게 항복하겠다는 의사를 밝혔다.

그러나 연남건은 성문을 닫고 저항을 계속했다. 역습을 시도했으나 무의미한 희생만 계속되었다. 마침내 남건의 측근인 신성 등이 배신을 했다. 그는 이적과 약속한 대로 9월 17일 평양성의 문을 열었다. 성문이 열리자 신라군이 돌격을 감행하여 고구려군과 백병전을 벌였고, 당군은 성벽을 기어올랐다. 온 사방에서 불길이 솟는 가운데 평양성은 양쪽 병사들이 흘리는 피와 비명 속에 지옥으로 변했다.

668년 9월 21일 대제국 고구려의 도성 평양성이 함락되었다. 비록 골육상쟁으로 나라가 분열되었으나 고구려의 전사들은 전혀 물러섬이 없이 몇 배나 많은 외적을 상대로 최후의 순간까지 용맹하게 싸우다 장렬하게 산화했다.

고구려가 망한 후 연남생은 당으로부터 우위대장군, 변국공, 식읍 3,000호에 봉해졌다. 연남생이 당의 수도 장안에서 거주하다가 679년 요동의 안동도호부 관사에서 46세로 죽자 그의 아들 헌성이 작위를 이어받았다. 조국과 가문이 망한 뒤 당이 던져주는 부귀영화로 연남생은 많이 행복했을까?

4) 안시성 함락

온갖 추측만 난무할 뿐 오늘날까지 안시성의 정확한 위치와 성주의 이름, 인구와 병력 규모 등을 모른다. 안시성과 관련된 기록은 물론 사람과 가축, 성루의 기왓장 하나, 성벽의 바윗돌 하나까지 제자리에 있지 못하고 사라져버렸기 때문이다.

645년 고·당 1차 전쟁 때 당 태종은 부하 장군들의 의견에 따라 고구려의 성들을 하나하나 격파하며 평양성을 향해서 진군해 나아갔다. 연개소문의 고구려군은 오로지 당 태종만을 표적으로 삼고 있었으니 이세민의 안위를 염려한 당의 장군들이 고구려군을 배후에 남겨둔 채 곧바로 평양성으로 진격하는 것을 반대했기 때문이었다.

　전쟁 초반은 당군의 작전대로 순조로웠다. 그러나 고구려 요동 땅의 여러 성을 쓰러뜨렸으나 안시성은 뽑히지 않았다. 당 태종의 군대는 안시성에서 발이 묶여버렸다. 안시성 성주 양만춘을 비롯한 안시성 군민의 끈질긴 저항으로 전황이 당군에게 불리해졌다. 마침내 당의 전 군대가 위기에 처하게 되었으나 불리한 전황을 타개할 뾰족한 수를 찾을 수 없었다.

　당시 당 태종은 고구려군의 사기를 꺾기 위해서, 또 자신의 너그러움을 알리고 침략의 정당성을 확보할 목적으로 생포한 포로 중에서 일부를 풀어주거나 함락한 성에 대한 약탈을 금하기도 하였다.

　약탈을 금하는 명령에 병졸들의 불만이 많다는 사실을 잘 알고 있던 당 태종은 불리한 전황을 타개하기 위해서 안시성을 함락하면 약탈과 겁탈은 물론 성의 모든 남자들을 남김없이 다 죽이겠다고 병사들 앞에서 맹세를 했다. 병사들은 눈에 핏발을 세우며 환호했다. 그러나 당 태종의 맹세도 헛되이 안시성 공략에 실패한 당군은 도망칠 수밖에 없었다. 처참한 패퇴였고 살아서 돌아간 당군은 소수에 불과했다.

　또다시 요동 땅을 밟은 당군은 같은 실수를 반복하지 않았다. 연남생을 앞세우고 평양성을 향해서 진군할 때 당군은 안시성을 비롯한 요동의 고구려성들을 우회하며 전투를 피했다. 그리고 평양성을 함락시키자마자 전군을 동원하여 다시 요동으로 향했다. 당군의 표적은 단 한 번도 적에게 점령당한 역사가 없다는 안시성이었다. 이적을 비롯한 당군의 장군들은 안시성을 앞에 두고 피눈물로 울부짖던 당태종을 잊지 않고 있었다.

그런 당군의 적개심을 잘 알고 있던 안시성의 군민은 도성이 함락되었다는 소식에도 항복하지 않고 싸웠다. 안시성은 자연적으로 험준한 요새였으며 주변에 건안성을 비롯하여 전략적으로 중요하고 큰 성인 개모성, 비사성, 백암성 등이 있었다. 항복을 모르는 요동의 고구려군은 안시성을 중심으로 3년 동안 항전을 펼쳤다.

그러나 완전히 고립된 안시성의 저항은 한계가 있을 수밖에 없었다. 식량과 화살을 비롯한 성안의 모든 물자가 고갈되었고 싸울만한 병사 또한 얼마 남지 않은 671년, 마침내 요동의 다른 성들과 함께 안시성이 함락되고 말았다. 그때 안시성은 당군의 철저한 보복으로 사람과 가축은 물론 성벽의 돌 하나까지 파괴되어 그 흔적조차 남아 있지 못한 것이다.

요동 땅 안시성을 생각하면, 천년 사직이 골육상쟁으로 하루아침에 쓰러졌다고 울부짖는 구슬픈 통곡 소리가 들리는 것 같다. 요동 땅에 가거든, 전장에서 죽는 것을 영예로 알아 물러설 줄 몰랐던 용사들의 땅이니 옷깃만 여미지 말고 신발도 벗고 엎드려 서럽게 울어야 마땅하리라.

남과 북으로 갈라져 형제가 원수 되어 싸워왔던 이 민족을 생각하고, 동과 서로는 지역감정으로 쪼개진 이 나라를 생각하면서…. 요동 땅 안시성은 골육상쟁의 슬프고 끔찍한 운명의 결말을 보여주는 상징이다.

아. 사라진 역사서

고구려와 싸우기 위해 요동으로 가는 길은 저승길이라며 두려워 떨던 당군이 마침내 승리했다. 고구려는 연개소문 사후 이들들의 권력투쟁으로 국력이 분열되어 멸망하고 말았다. 당은 동원 가능한 모든 인적 물적 자원을 총동원하여 전쟁에 나선 반면 분열된 고구려는 대막리지가 자기를 따르는 병력과 함께 적을 향도하였으니 패배할 수밖에 없었다.

그때 900년을 이어온 고구려의 역사서 〈유기〉, 〈신집〉 등이 당 군대의 손에 의해서 불타 사라져버렸으니 오늘날 우리는 대제국 고구려의 진정한 모습을 알지 못하게 되었다.

668년 9월 21일 함락된 평양성은 3개월간 불탔다고 한다. 당 태종이 고구려를 침공하기 전부터 민심을 결집시키기 위해서 수많은 역사기록을 조작한 사실을 잘 알고 있던 이적은 약탈과 함께 고구려의 모든 것을 불태워버리도록 명령했다. 그렇게 평양성은 사람이 살 수 없는 폐허로 변했다.

승리한 당은 태종에게 처참한 패배를 안겼던 안시성을 지도에서 삭제하고 성주의 이름까지 말살했으며, 성주는 연개소문과 불목하였다고 조작하였다. 뿐만 아니라 그들은 고구려와 관련된 모든 역사적 사실을 왜곡했다.

당 태종의 군대가 그때 황급히 철수하지 않으면 안 되었던 이유가 고구려군에 패했기 때문이 아니라며 온갖 거짓말을 한다. 기후가 고구려를 도왔기 때문인데, 예년에 비해 추위가 일찍 찾아와 풀이 마르고 물이 얼어 병마가 더 이상 머무를 수 없게 되었기 때문이라고 한다.

전쟁하러 왔다가 추워서 돌아갔다니 지나가는 소가 웃을 일이다. 그러면 무엇 때문에 넓고 좋은 길을 놔두고 온통 늪으로 둘러싸인 요하 하류를 퇴각로로 택했단 말인가? 또 당 태종이 퇴각할 때 안시성 성주 양만춘이 성에 올라 절을 하였고 이에 황제가 안시성을 굳게 지킨 것을 가상히 여겨 비단 100필을 보냈다 한다. 적이 도망치니 추격하기 바쁜데 성벽 위에서 잘 가시라고 절을 하며 그냥 보고만 있었다는 것이다. 참으로 소가 웃을 일이다.

이렇게 역사를 왜곡되게 기록하였으니 참으로 그들은 부끄러움을 모르는 뻔뻔한 종족이고 그들의 중화사상은 병적이다. 그때 당 태종과 그의 군대는 전멸을 면하고자 모든 것을 버리고 도망쳐서 간신히 목숨을 건졌다는 사실, 그리고 승기를 잡은 고구려군의 추격은 집요했음을 우리는 분명히 알아야겠다.

비록 중국이 고구려의 역사서를 불태워 없앴다고 하나 중국 땅 산동성 봉래, 즉묵시, 강소성 염성, 숙천 일대에서는 추격전을 펼친 연개소문과 간신히 목숨을 건진 당 태종의 전투 이야기가 지금도 전해오고 있다. 여기서 우리는 연개소문의 고구려군이 도망치는 당 태종을 사로잡기 위해서 육군과 수군을 총동원하여 맹렬한 추격전을 벌였음을 알 수 있다. 이것은 한반도가 아닌 중국 땅에서 전해오는 이야기이니 어찌 한국인이 꾸며낸 것이라고 하겠는가.

서북쪽에서는 오르도스 지역을 점령한 설연타의 기병대가, 동북쪽에서는 고구려 기병대가 추격하니 당 태종은 남쪽으로 도망칠 수밖에 없었다. 이후 고구려는 북경 인근까지 점령하여 고구려의 진성을 구축하였으니 오늘날까지 북경 주변에 '고려성', '고려진'이라는 지명이 전해지고 있다. 그러므로 우리는 당 태종이 연개소문에 쫓겨 도망쳤던 그때 이후로 지금의 동북 3성 중 가장 서쪽인 요령성 전체는 물론 북경 가까운 지역까지 고구려 땅으로 귀속되었음을 알 수 있다. 즉, 한반도 평양을 도성으로 한 대제국 고구려의 후기 강역은 한반도 중·북부를 포함하여 우리가 오늘날 '만주'라고 부르는 동북 3성 전체였다.

비록 고구려의 역서서는 사라졌지만, 만주는 우리 민족의 고토로 우리 선조들이 수천 년을 살아온 땅이고 그 후손인 조선족이 조선말을 하며 지금도 살고 있는 땅이다.

자. 고구려인 20만 명 중국 변방으로

고구려가 골육상쟁으로 망한 뒤, 당은 먼저 포로로 잡은 수천 명의 고구려군 지휘관들에게 당군의 군복을 입혀 변방의 여러 곳에 분산 배치하였다. 그런 다음 보장태왕을 비롯한 고구려 왕족과 귀족, 쇠를 다루는 기술자, 의사, 학자 등 20만 명에 이르는 고구려 고급 인력을 당나라 변방으로 끌고 갔다. 간신히 함락했던 백제의 도성, 그 한곳에서 왕과 귀족 등 지배층 1만 2천여 명을 장안으로 잡아끌고 가버리니 권력다툼과 내부 분란으로 백제가 부흥에 실패한 사실을 잘 알고 있던 당은 고구려의 내부를 아예 텅 비게 만들어버렸다.

고구려 고분이 압록강과 대동강 언저리에 집중적으로 분포하고 있음을 볼 때, 당으로 끌려간 20만 명의 고구려 유민은 바로 이 지역, 만주 길림성 집안을 중심으로 하는 압록강과 농경문화가 발달한 평양의 서부지역을 중심으로 하는 대동강 유역에 사는 사람들이었다.

당에 포로로 끌려가기를 거부하는 사람들은 다른 길을 택했다. 일부는 몽골 방면으로 가서 돌궐 등 유목민 무리에 합류했고, 일부는 배를 타고 일본열도로, 또 일부는 신라로 갔다.

당은 멸망한 고구려 유민 중 병약하여 저항할 능력이 없는 무리는 남겨두었으나 핵심적인 귀족세력은 머나먼 남방 변경으로 끌고 갔다. 고구려 유민들은 늪을 기어야 했고 황하와 장강을 맨몸으로 건너야 했다. 손이 뒤로 묶인 채 강을 건너야했던 많은 고구려 유민들이 물에 빠져 목숨을 잃었다. 이렇게 골육상쟁으로 나라를 잃은 고구려 유민들은 슬퍼할 틈도 없이 정든 고국산천을 떠나야했다.

일부 학자들의 추적이 있기는 하지만, 오늘날 우리는 그때 끌려간 고구려 유민들이 어디서 어떻게 얼마나 살고 있는지, 고구려 정신을 잃어버리고 한(漢)화 되었는지 정확하게 알지 못한다. 후손이 못난 탓이다.

차. 알지 못하는 민족의 영웅호걸들

 중국은 당 태종을 이정, 울지경덕, 이세적, 위징 등 자신에게 적대적이거나 적의 수하였던 인물들까지도 능력이 있으면 등용한 위대한 인물로 기술하고 있다. 그리고 그들은 당 태종의 큰 도량에 감복하여 목숨을 바쳐 충성을 다했다고 한다. 그렇다면 고구려에는 그런 영웅이나 능력 있는 장군들이 없었을까?

 고구려는 수와 당을 능가하는 대제국이었다. 수와 당의 짧은 역사와는 달리 천년 가까운 역사를 자랑하는 대제국이 어찌 한두 명의 뛰어난 인물로만 유지되었을까? 상식적으로 생각하여도 그럴 수가 없다.

 당이 불태워버린 고구려의 역사 기록 속에는 당 제국보다 훨씬 더 많은 영웅호걸과 찬란한 문화가 있었을 것이다. 그렇지 않았다면 백만 대군을 동원했던 수 제국이 고구려를 공격할 때마다 매번 참패하고 결국 멸망한 이유를 어떻게 설명할 수 있으며, '천가한'이라던 당 태종 또한 대군을 이끌고 고구려를 침공하였다가 무참하게 패배한 후 늪지로 도망하여 간신히 목숨을 건진 사실을 두고 그저 우연히 운이 나빠서 그렇게 되었다고 할 것인가?

 당이 고구려의 역사 기록을 말살한 이유가 여기에 있다고 하겠다. 그러므로 우리는 고구려의 역사를 읽고 이해하는 시각을 제대로 가져야겠다. 비록 고구려의 기록이 말살되었다고는 하지만 중국 측 유적지와 기록들을 샅샅이 뒤져서라도 위대했던 고구려의 영웅호걸들을 찾아내야 한다.

밥만 먹고 산다고 사람이라고 하지 않는다. 왜곡된 역사로 선조들의 영웅적 기상을 잃어버린 채 자기비하와 패배의식으로 사는 것은 위대한 선조들이 이룩한 역사에 무심한 후손들 잘못이 크다.

카. 연개소문의 사망 시기

오늘날 우리는 고구려 안시성의 위치뿐만 아니라 태대대로 연개소문 묘의 위치도 모른다. 그 흔적조차 남아있지 않기 때문이다.

고구려 멸망 직후부터 고구려의 역사 지우기에 혈안이 되었던 당군은 맨 먼저 연개소문의 자취 없애기에 착수하였을 것이다. 그동안의 처참한 패배에 대한 보복으로 고구려의 것이라면 남김없이 불태우고 파괴하던 당 태종의 졸개들이 연개소문의 묘를 남겨두었을 리만무하다.

선례가 있었으니, 고구려 미천태왕은 서안평을 공격하여 낙랑군 및 대방군을 축출하였고, 요서지역을 공격하여 우문 선비족을 쫓아내면서 영토를 크게 확장했다. 그때 쫓겨났던 선비족이 그에 대한 보복으로 미천태왕의 왕릉을 파헤치고 시신을 가져가는 만행을 저질렀었다.

선비족의 후예인 당 태종은 중원을 통일하였고, '정관의 치'라는 번영의 시기를 열었으며, 귀순한 북방 유목민족에게서 천하의 칸 중의 칸이라는 의미로 '천가한'이라는 칭호를 받았다. 그런 당 태종에게 치명적인 패배를 안긴 영웅 중의 영웅이 고구려의 연개소문이었다.

고구려가 멸망하자 당은 고구려와 연개소문에 당한 치욕을 씻고 명예를 회복하는 조치에 매달렸다. 그들이 연개소문과 관련하여 가장 먼저 착수한 것이 묘를 없애고 사망 시기를 조작하는 것이었다.

오늘날 고구려제국 태대대로 연개소문의 사망 시기는 후세의 정략적 기록으로 인해서 사실과 일치하지 않는다고 봄이 일반적이고 사망 원인 역시 전해지지 않는다. 〈구당서〉나 〈삼국사기〉에서 연개소문의 사망 시기를 657년이 아니라 보장왕 25년인 666년 6월로 기록하고 있다.

이것은 657년 이후 666년 권력다툼으로 연개소문의 아들 연남생이 당에 투항하기까지 당의 군대가 여러 전투에서 패한 것은 연개소문에게 패한 것이며, 최종적으로는 연개소문에게 승리하였으니 당의 명예를 연개소문 생전에 회복하였다고 주장하기 위해서 날조한 것이고, 고구려의 멸망에 대한 책임 또한 연개소문에게 있다며 연개소문을 깎아내리려는 것이다.

왜 그들은 고구려의 역사를 왜곡하는 데 그토록 집착하는 것일까? 그것은 연개소문 이전은 물론이고 이후 고구려가 내분으로 멸망하기 전까지 당은 고구려에 한 번도 우위에 서지 못했기 때문이다.

단재 신채호 선생은 연남생이 대막리지가 된 시점, 657년을 연개소문 사망년도로 잡았다. 즉, 백제 멸망 이전에 사망한 연개소문은 고구려의 멸망과 전혀 관계가 없다는 견해를 취하고 있다. 연개소문의 사망년도를 661년 10월경으로 잡는 설도 있으나 이 역시 역사를 왜곡하기 위해 못할 짓이 없던 당에서 마음대로 작성한 연남생의 묘지명을 근거로 한 것이다.

단재 신채호 선생은 〈조선상고사〉를 통해 말했다.

> 연개소문이야말로 고구려의 걸출한 민족 영웅으로, 중국에서 가장 영걸한 임금으로 손꼽히는 당 태종 이세민도 연개소문만큼은 두려워했다. 그는 우리 민족의 자랑스러운 영걸이었다.

당 태종은 고구려 정벌에 나섰다가 무참하게 패배하고 화살을 맞은 몸으로 간신히 목숨을 건져 돌아왔다. 아무리 역사를 왜곡하여도

이 사실은 결코 숨길 수 없다. 그러자 중국인들은 그들의 기록에서 연개소문과 관련된 기록을 조작하거나 통째로 없애버렸다.

이렇게 우리는 남이 왜곡하거나 조작하여 쓴 역사를 우리 역사라고 알고 있으니 자신도 모르게 종속적, 패배주의적, 식민지적 역사관에 빠져버리는 것은 당연한 이치이다.

우리의 역사는 위대하다. 뛰어난 개척자였던 우리의 선조들의 삶은 영웅적이었다. 백번 양보하여 적어도 우리의 선조들은 노예처럼 살지 않았다. 만약 그때 우리 선조들이 노예처럼 살았다면 오늘날 우리말, 우리글로 말하고 생각하는 우리라는 존재는 옛날 그때 벌써 사라졌을 것이다. 그러므로 우리가 진정 살아있고 생각하는 존재라면 우리의 선조와 역사를 제대로 공부하고 알아야겠다.

수나라를 멸망에 이르게 했던 고구려는 여러 기마종족 집단과 외교관계를 맺어 당을 포위한 형세를 유지하고, 철갑기병이 여러 기마종족의 기병대와 함께 공격적으로 대륙을 휩쓸고 다니며 당을 압박하는 전략전술을 구사하였다.

657년 태대대로 연개소문이 사망하였다. 고구려의 위세에 늘 눌려있던 당은 이 사실을 포착하자마자 기회라고 오판한 끝에 백제부흥군과의 전투를 미처 정리하지 않은 상태로 한반도에서 철수시킨 병력까지 총동원하여 고구려를 침공한 것이 2차 고·당 전쟁이었다.

그러나 당군은 연개소문이 없는 고구려군에 궤멸적으로 패배하고 항복 선언인 종전을 선언하게 되는 것이다.

타. 연개소문은 이렇게 말했다

백제 멸망 3년 전인 657년 10월 어느 날, 고구려의 태대대로 연개소문이 세 아들과 부하 장군들을 불렀다. 수를 멸망시킨 데 이어 '천가한'이라 불리던 당 태종을 물리치고 역사상 최대 판도를 이룬 고구려가 동북아의 최강국으로 자리매김하고 있을 때였다.

그는 세 아들의 주변에 권력에 기생하는 벌레들이 득실거린다는 보고를 이미 여러 차례 받고 있었다. 직위가 높은 관료들뿐만 아니라 출신이 불분명한 인간들까지 연개소문 이후를 보고 아들들 앞에 줄 서기를 하고 있다는 것이었다.

좋지 않은 조짐이었다. 그런 인간들은 나라와 백성보다는 권력자 개인에게 달콤한 것을 권할 터이니 아직 어린 자식들이 언제 검은 유혹에 빠져들지 걱정스러웠다. 권력과 벼슬에 눈이 멀어 아첨하는 인간을 자기세력으로 착각하는 순간 아무리 형제라도 서로 반목하고 질시하여 분열과 분쟁으로 치달은 사례는 차고 넘쳤다. 특히 그들 중에는 전쟁 때 포로로 잡혀 고구려에 눌러앉아 사는 자들이 많았다. 그들은 고구려를 자기 나라로 생각하기보다는 원한과 복수심을 안고 살아가는 위험한 존재들이 아닌가?

　연개소문은 주위의 도움을 받아 자리에 앉은 후 목소리에 힘을 실어 먼저 아들들에게 말했다.

　"생각해보면, 우리는 고조선 이후 연맹이 해체되어 분열되었다. 그 후 우리 고구려제국이 기마종족의 연맹을 다시 결성하기는 하였으나 완전한 결성이라고 하기에는 아직도 부족함이 많다. 반면에 수와 당은 선비족 집단을 중심으로 오랜 분열 끝에 한족의 통합을 이루었다. 통일 왕조 수가 맨 처음으로 한 일이 사상최대의 대군을 동원하여 우리 고구려를 침공한 것이었다. 그렇지만 우리는 용맹하게 싸워 흉악무도한 수를 물리쳤다.

　우리 대고구려에 허리를 꺾인 수가 멸망하자 이세민의 졸도들이 뒤를 이어 또 우리를 침략하였다. 우리는 수의 복수를 빙자하며 전쟁을 일으킨 이세민의 무리도 물리치는 데 일단 성공했다. 그러나 적의 항복을 받은 것도 아니고 전쟁을 끝내고 평화롭게 살자고 서로 약속을 한 것도 아니다.

　지금 상황은 전쟁으로 살아가는 이세민의 졸도들이 복수를 다짐하며 종전보다 더 크게 전쟁을 준비하고 있으니 폭풍이 불어오기 전의 고요와 마찬가지이다.

　우리 대고구려와 이세민 졸도들과의 싸움은 천하를 놓고 승부를 겨루는 패권다툼이다. 대고구려제국의 패권을 인정할 수 없다는 이세민의 졸도들이 주변의 크고 작은 나라들을 정복하여 끊임없이 판도를 확장해나가며 우리 고구려를 고립시키려 하고 있음은 이미 천하가 다 아는 사실 아니냐? 이제는 사실상 우리 고구려와 당, 두 나라의 정면대결만 남은 상황이 되었다.

수의 200만 군대를 궤멸시켰던 때를 생각해 보아라. 그때가 천하를 평정할 좋은 기회였는데 우리는 약간의 고생을 참지 못하여 기회를 놓치고 말았다.

하지만 기회는 또 올 것이다. 그때야말로 우리는 반드시 천하를 평정하여 우리의 후손이 천년만년 평화롭게 살 터전을 굳건하게 다져야한다.

그러려면 모든 기마종족들은 우리 고구려를 중심으로 굳게 단결하여야 한다. 그런데 유념하여야 할 것이 있다. 그것은 우리의 단결을 저지하려는 이세민 졸도들의 이간계이다. 어릴 때부터 남을 의심하고 경계하는 법을 배우며 자란 그들과는 달리 남을 의심하지 말라고 배우고 자란 우리 기마종족은 그들의 감언이설에 취약할 수밖에 없으니 이를 내가 걱정하는 것이다.

그 옛날, 강력했던 흉노제국을 비롯하여 동·서 돌궐제국, 설연타, 토욕혼 들을 생각해 보거라.

처음에는 그들 한족의 무리가 강력한 기마종족에 굽실거리고 공물을 바치며 겉으로는 굴종하는 척하면서도 향간, 내간 등을 이용한 이간 공작을 멈추지 않았다.

그 결과 이간계에 당한 나라와 종족들은 예외 없이 판도를 잃고 그들의 속방이 되거나 역사에서 사라졌다. 이처럼 우리는 여러 나라와 종족들이 그들의 이간계에 걸려 분열되고 멸망하는 것을 두 귀로 듣고 두 눈으로 보아왔다. 분명 우리 고구려에도 그들의 이간계에 걸려들었거나 표적이 된 사람들이 있을 것이다. 그러므로 너희들은 이 사실을 한시도 잊지 말고 적의 이간계에 걸려들지 않도록 조심하여야 한다.

다시 말하지만, 강한 나라가 되려면 무엇보다도 중요한 것은 기마종족의 단결이다. 그러므로 너희는 우리 고구려를 중심으로 한 기마종족의 단결을 위해서 어떤 희생이라도 아끼지 말아야 한다.

종족의 단결이 이렇게 중요할진대 너희 형제들은 서로 양보하고 이해하고 희생하여야 함은 두말할 필요도 없다. 우리가 저들만큼 치밀하지 못하거나 끈기가 부족하다면 음흉한 저들을 어찌 이길 수 있겠느냐."

그리고 연개소문은 시립해 있는 여러 부하 장군들에게도 말했다.

"우리가 역사를 잃어버리고 알지 못한다면 그것은 역사가 아니다. 알지 못하는 역사는 존재하지 않는 법이다. 역사를 모르면 역사가 주는 교훈을 배울 수 없다. 그러므로 우리는 우리의 고유한 역사와 문화는 반드시 지켜나가야 한다. 우리는 이세민의 졸도들과는 다르다. 그들은 땅을 중심으로 이야기하나 우리는 단군 이래 기마종족을,

즉 사람을 중심으로 한다. 우리 고구려는 단군이라는 하나의 핏줄 아래 부여·옥저·낙랑·마한·진한·변한 등 왕국과 왕국이, 종족과 종족이 뭉쳐서 제국을 이루었다.

우리는 천손이다. 하늘로부터 권력을 부여받은 정통성은 우리에게 있다. 바로 홍익인간정신이 우리가 하늘로부터 받은 천명이다.

우리는 고조선의 건국이념인 나라와 종족, 종교와 성별을 초월하여 널리 사람을 이롭게 한다는 홍익인간정신을 900년 장구한 역사와 함께 이어왔다. 우리는 하늘로부터 받은 이 정신을 널리 퍼뜨려서 사람이 사람답게 살게 하여야 할 의무를 지고 있다.

지금 우리의 판도는 흑룡강에서 난하에 이르는 만주 땅 전체이다. 고조선과 부여를 이어받은 대고구려제국의 역사는 동아시아 기마종족 전체의 역사이다. 우리는 유구한 역사와 전통을 지닌 기마송속으로 그들 족속과는 문화가 다르고 혈통도 다르다.

그들이 아무리 우리를 굴복시키려 하여도 그들과 다른 우리 문화의 색깔은 지워질 수 없으니 그들 족속의 수작은 어림도 없는 짓이다.

한 나라의 저력은 그 나라에 사는 사람들의 평균적 능력에 의해 결정되는 법이다. 사람들의 능력이 얼마만큼 다양하고 깊이 있게 개발되어 있는가에 따라 강대국이 되거나 약소국이 되는 것이다.

우리 대고구려제국은 여러 기마종족으로 구성되어 있다. 그런 만큼 우리의 역사와 문화, 사상은 기마종족 전체의 것이어야 한다. 그러므로 우리는 서로를 존중하고 모두를 아우르는 조화를 추구하여야 한다. 만리장성은 기마종족이 늘 공세를 펼쳤으며 그들 족속은 방어하는 처지였음을 말해주고 있다. 그러나 그들이 중원을 차지하자 만리장성을 넘어 공세로 나오기 시작했다.

우리가 적을 두려워하여 천리장성 안에서만 머문다면 어찌 큰 나라라고 할 수 있겠느냐.

당과의 싸움은 대륙의 주도권을 누가 쥐느냐의 싸움이다. 지금까지 우리에게 천하를 제패할 기회가 많이 있었으나 이런저런 이유로 그 기회들을 놓치고 말았었다.

우리는 하늘이 만들어 준 기회를 팔짱을 낀 채 그냥 보고만 있었던 것이다. 그 결과, 한때는 이세민에게 굴종을 강요당하는 수모를 받게 되었었다.

강역도를 바치고 전승비를 헐어버린 것은 우리 정통성과 주체성을 파괴하는 결정판이었다. 그것은 기마종족의 연합을 해체하고 그들 족속의 노예로 살겠다는 것을 의미했다.

우리 스스로 불패의 대고구려 정신을 버리고 노예가 되겠다는 것은 참으로 우리의 부모를 죽이는 짓이요, 조상을 죽이는 만행이 아니더냐!

이세민의 침략을 받자 분노한 우리는 단결하였고 싸워서 이겼다. 그때 우리는 전투 초반에는 요동성을 잃고 주필산 전투에서 병력 손실을 많이 보는 등 다소 고전했으나 안시성 전투에서 결정적인 승기를 잡을 수 있었다.

　우리는 늪지대로 도망치는 이세민의 무리를 끝까지 추격하여 섬멸하였다. 다만, 쥐새끼마냥 우물 속에 숨었던 이세민을 생포하여 그들 무리를 멸망시키지 못한 것이 아쉬울 뿐이다.

　지금 우리 대고구려제국의 판도가 역사상 최대라고 하나 평화는 아직 멀었다. 살아남은 적도들이 여전히 중원을 차지한 채 재기를 다짐하고 있으니 우리는 방심할 수 없다.

　그렇지만 이세민의 졸도들을 두려워하지 마라. 대고구려제국에는 패배를 모르는 용맹한 100만의 군대가 있고, 지략과 충성심이 뛰어난 1만의 지휘관에 일당백의 선인이 3만 명이다. 그리고 백성은 하나같이 영웅적인 기백으로 나라를 사랑하고 인내와 극기를 자랑한다. 또한 고구려의 쇠로 만든 갑옷과 투구는 적의 창검이 뚫지 못하고, 창과 칼은 그들의 것보다 더 강하고 예리하다.

　우리의 날카로운 화살은 더 멀리 날아가서 능히 적의 갑옷을 뚫어 버린다. 쇠를 다루고 활을 만드는 우리의 기술이 그들보다 더 뛰어난 것이다.

　또 우리에겐 천 리를 달려도 지치지 않는 수십만 마리의 전마가 있으니 그들 졸도들은 결코 우리 대고구려제국의 상대가 될 수 없는 것이다."

잠시 말을 끊고 부하 장군들을 천천히 둘러본 뒤 연개소문이 단호한 목소리를 말했다.

"장군들은 명심하여라. 아직 싸움이 끝나지 않았다. 역사를 왜곡하고 전쟁으로 평화를 파괴하며 우리를 굴복시키려는 적과 싸우는 데 주저하지 마라.

우리는 천손이다. 천손인 우리가 어찌 천명을 저버리고 후손에게 부끄러운 노예의 삶을 물려주겠느냐?"

파. 전사들의 나라

중국은 수와 당, 2대 왕조에 걸쳐 70년간(598년~668년) 고구려를 침략하였으나 고구려가 내분으로 분열되기 전까지 고구려를 이기지 못했다. 고구려에 패한 수는 멸망하였고, 당은 두 번이나 종전을 선언할 수밖에 없었다. 그들로서는 어떻게 해볼 수 없는 나라가 고구려였다.

고구려는 전사들의 나라였다. 그들은 죽음을 두려워하지 않았고 적이 있는 곳이면 어디든지 달려가 싸웠다. 그들에게 승패는 의미가 없었다. 적이 있으면 나가 싸우는 것이 그들의 삶이었고 전장에서 죽는 것을 영광으로 알았다.

동북아의 최강국이었던 대제국 고구려의 유적은 건국 초기의 중심지인 압록강 유역과 후기의 중심지인 대동강 유역에 집중적으로 분포되어 있다.

고구려 옛 수도 국내성이었던 만주 길림성 집안을 중심으로 환도산성, 산성하 고분군, 만보정 고분군, 마선구 고분군, 서대총, 천추총, 칠성산 고분군, 우산하 고분군 들과 한반도의 황해도, 평안도 일대 무진리 고분군, 대성산 고분군 들이 남아있는데 그 규모의 거대함은 대제국 고구려의 위상을 보여주기에 부족함이 없다.

오늘날 고구려 전사들의 모습은 고분의 벽화를 통해서 볼 수 있다. 많은 고구려 고분 벽화 가운데 1949년 황해남도 안악군에서 발견된 안악 3호분 벽화가 특히 유명하다.

안악 3호분 회랑의 동쪽 벽면에는 250여 명에 달하는 사람들로 구성된 '행렬도'가 그려져 있는데 그 속에는 깃발을 든 의장기수, 나팔을 부는 나팔수 외에 보병과 기병이 나온다.

보병으로는 방패와 보통 길이의 창을 든 창수, 방패를 든 환도수, 도끼를 든 부월수, 활을 든 궁수를 볼 수 있다.

기병으로는 경기병 외에 철갑기병이 눈길을 끈다. 이들은 자신은 물론 말까지 철갑옷을 입히고, 긴 창에 칼을 휴대하고 있다. 이들 철갑기병은 고구려군의 상징처럼 평안남도 남포시 강서 구역의 약수리 고분 벽화와 강서 구역 덕흥리 고분 벽화에서도 나타난다. 고분의 벽화를 통해서 알 수 있듯이 고구려의 철갑기병은 무적의 군대였다.

서기 399년 광개토호태왕은 신라의 구원 요청에 따라 5만의 보병과 기병을 파견하여 백제와 왜, 가야의 연합군을 물리쳤다. 가야 역시 철갑기병을 보유한 철의 제국으로 신라를 존망의 기로에까지 밀어붙였지만 막강한 고구려 철갑기병의 상대가 되지는 못했다.

김해지방의 금관가야를 중심으로 한 가야연맹은 고구려군에 패한 후 힘을 잃었고, 고령지방의 대가야가 가야연맹의 새로운 맹주로 나섰지만 예전의 위세를 회복하지 못했다.

당은 고구려를 멸망시킨 후 마지막 남은 신라까지 집어먹을 욕심으로 군대를 출병시켰다. 그러나 고구려와 전투를 치룬 뒤의 당의 군대는 오합지졸이었다. 가장 약하게 본 신라에까지 연전연패를 면하지 못했다.

당의 군대가 갑자기 약해진 이유는 무엇일까? 그것은 당군이 고구려군과 싸울 때 회복할 수 없는 전력의 손실을 보았기 때문이다.

당은 동쪽의 고구려와 결전을 치르기 전에 서쪽과 북쪽의 여러 나라와 종족을 멸망시키면서 항복한 군대를 앞세워 또 다른 나라와의 전투에 투입했다.

이이제이였다. 사방의 모든 나라와 전쟁을 벌였던 당에 의해 멸망한 나라들은 동·서돌궐제국, 고창국, 언기, 이오, 토욕혼, 설연타들이었고, 그중에서 당 최고의 전쟁병기는 당 태종 때 항복한 10만 명의 돌궐기병이었다.

3차 고·당 전쟁에서 국가총력전을 벌였던 당은 이 10만 명의 돌궐기병을 포함하여 총 50만 이상의 대병력을 투입했다. 이 기회를 놓치면 두 번 다시 기회를 잡지 못할 것임을 알고 있던 당은 동원 가능한 모든 인적 물적 자원을 고구려전에 투입하였고 격렬한 전투 끝에 간신히 승리할 수 있었다.

당은 고구려를 치기 전에 군대를 동쪽으로 보내 먼저 백제를 멸망시켰다. 그리고 내분으로 분열된 고구려까지 멸망시키자 당에 맞서는 나라는 오로지 토번만 남게 되었다.

당은 고구려전에 참전했던 병력 30만 명을 토번전에 투입했다. 그러나 결과는 토번군이 당군을 궤멸시키면서 승리를 챙겼다. 이전의 당군이 아니었다. 기록은 작전의 실패라고 하지만, 사실은 대고구려전에서 주력부대가 소멸되어 싸울 줄 아는 병사가 부족했기 때문이었다.

당의 중장기병이 전쟁터만 찾아다닌 전쟁병기였다면 고구려의 철갑기병 역시 전쟁병기였다. 분열된 고구려는 멸망 전에 남은 전투력을 총동원하여 당군과 최후의 결전을 벌였고 중과부적으로 패하고 말았으나 당군 역시 회복할 수 없는 전력의 손실을 보았던 것이다.

고구려전 이후 대토번전에서 당군이 궤멸적인 패배를 당한 것과 대신라전에서도 제대로 싸워보지도 못하고 패배를 계속하다 한반도에서 철군한 것 등은 이 사실을 증명한다. 그러므로 한반도 삼국 중 최약체였던 신라가 한반도의 반쪽이나마 통일을 이룰 수 있었던 것은 비록 나라가 분열되었으나 최후까지 외적과 영웅적으로 싸운 고구려 덕분인 것이다.

국력이 가장 약했던 신라가 당나라의 속국이 될 것을 자청하며 이룬 부분적인 통일은 우리 한민족으로 하여금 많은 것을 잃게 만들었다.

비록 신라의 처지에서는 왕국의 존망을 걸고 싸워서 이겼다고 하지만, 한민족 전체의 시각에서 보면 얻은 것보다 잃은 것이 더 많은 통일이었고 민족의 운명을 나락으로 떨어뜨린 통일이었다.

신라 왕자 법민은 포로로 잡혀 꿇어앉은 백제 왕자 부여융의 얼굴에 침을 뱉었고, 당상에 앉은 소정방과 김춘추는 당하에 꿇어앉은 의자왕으로 하여금 술을 따르게 하였으니 백제의 신하들은 탄식하며 울었다고 한다. 비록 적이지만 왕에 대한 최소한의 예우조차 없었던 것이다. 또 신라는 백제의 귀족도 인정하지 않아 신라의 것보다 4~5등급 아래로 취급하면서 백제인들의 가슴을 찢어놓았다.

그것은 민족의 대동단결을 위한 통일이 아니라 개인적 원한에 의한 보복이자 한풀이에 불과하였으니 외세에 의존한 비극적인 통일의 한계였다.

신라의 부분적 통일은 전쟁의 종식과 언어와 문화의 단일화로 민족의 일체감 조성 등 긍정적 면이 있지만 부정적인 면도 간과할 수 없다.

첫째, 신라의 통일은 삼국이 차지하였던 전체 영역의 통합이 아니었고 한반도에서조차도 오롯한 통일이 아니었다. 무엇보다 신라가 중국에 사대주의를 취함으로써 민족의 자주성 상실을 초래하였으니, 오늘날 사람들이 부끄러움도 잊은 채 사대주의라는 병을 앓게 된 원인이 이때 시작되었다.

둘째, 국력의 열세로 고구려와 백제의 유산을 감당할 수 없었던 신라는 부분적 통일 후 200년 간 쇄국정책을 고집하면서 고구려·백제의 유민과 한반도 밖의 옛 땅과 바다를 포기하였다. 세월이 흐르면서 고구려와 백제의 옛 땅과 바다와 유민은 사람들의 의식에서 사라져버렸으니 결국 민족의 활동무대가 한반도의 반쪽으로 쪼그라드는 결과를 초래했다.

셋째, 신라는 망국 때까지 도성을 한반도의 중심이 아닌 한쪽 귀퉁이에 그대로 유지했으니 한반도 전체를 경영하겠다는 철학이 없었다. 또 고구려·백제의 옛 땅과 유민을 버리고 통일 전과 변함없이 일부 극소수의 진골을 위한 신분제를 고집하면서 유능한 인물들을 국정에 활용하지도 못했으니 신라는 대국이 될 수 없었다. 그렇게 민족의 운명은 나락으로 떨어지고 말았다.

대제국 고구려는 내분으로 자멸했다. 고구려는 조금씩 쇠퇴한 것이 아니라 최고 전성기에 갑자기 파멸로 치달았다. 비유하자면 천수를 누리고 기력이 다해서 죽은 것이 아니라 한창때에 비명횡사를 당한 것이다. 당은 비록 고구려를 멸망시켰으나 그 땅을 지배하지 못했다.

서기 698년 고구려 유민 대조영은 국호를 '후고구려'에서 '대진'으로 바꾸고 독자적인 연호를 사용하였다. 국호를 '대진', 연호를 '천통'으로 한 것은 고조선을 구성하였던 진한, 마한, 변한의 삼한 중 진한과 부여로 이어지는 법통을 계승했다는 의미였다. 〈속일본기〉는 일본에 온 대진국 사신이 이렇게 말했다고 기록하고 있다.

"대진은 고구려의 옛 땅을 회복하고 부여의 풍습을 지녔다."

3. 백제군은 나·당 연합군과 어떻게 싸웠을까

백제를 건국한 주체 집단은 고구려와 같은 부여족이다. 백제 역사는 그 도읍지 위치에 따라 한성시대(~475년), 웅진시대(475년~538년), 사비시대(538년~660년)로 나눈다. 우리는 백제 하면 공주와 부여를 떠올리기 쉬우나 백제의 웅진·사비시대는 약 2백년에 불과하고 한성시대가 백제 역사의 대부분을 차지한다.

백제의 최전성기는 한성백제 시대로 서울의 풍납토성, 몽촌토성, 석촌동 고분군, 방이동 고분군 들을 비롯한 주변의 크고 작은 여러 진성이 그 유적이다.

고구려 광개토호태왕과 장수태왕의 남진정책으로 한성에서 공주·부여로 밀려난 백제는 신라와 연합하여 싸운 끝에 고구려군을 밀어내고 한강 유역의 고토를 어렵게 회복하나 동맹을 배신한 신라에 곧 **빼앗기고** 만다. 신라 역시 대륙과 연결되는 바닷길이 있는 한강 유역을 욕심내고 있었던 것이다. 이후 백제는 신라에 원한을 갖게 된다.

554년 한강 유역을 되찾기 위해 신라군과 싸운 관산성 전투에서 백제와 가야의 연합군은 성왕을 비롯한 4명의 좌평과 3만 명에 가까운 병사들을 잃고 참패한다. 이때 신라는 성왕의 목을 베어 신라 왕궁 북청의 계단 밑에 묻고 지나가는 사람들이 밟게 하였다.

이후 와신상담하며 국가체제를 정비한 후 대대적인 보복공격에 나선 백제는 642년 신라의 왕도 경주로 가는 요충지인 대야성과 인근 40여 성을 점령하며 신라를 멸망 직전까지 몰아붙인다.

백제는 대야성 성주인 김춘추의 사위와 딸의 목을 베어 감옥 바닥에 묻고 죄수들이 밟고 다니게 만들었다. 성왕의 복수와 함께 승기를 잡았다며 백제가 방심하는 사이 복수심으로 당에 간 신라의 김춘추는 영혼까지 팔며 당 태종에게 살려달라고 읍소한다.

660년 18만 명의 나·당 연합군이 백제를 공격하였다. 병력이 열세인 백제는 단 한 번의 전투로 승패를 결정지을 수 없었다. 의자왕의 전략은 병력을 보존해가며 신라군 저지, 당군의 상륙 저지, 사비도성 방어를 순차적으로 실행하면서 시간을 끌어 지방 방령군을 소집하고, 고구려와 왜의 지원군이 도착할 때까지 버티는 것이었다.

그러나 예상치 못한 내부반란이 일어나면서 개전 10일 만에 의자왕은 포로 신세로 전락하고 말았다.

백제 멸망과 관련하여 '위키백과'의 내용을 인용한다.

(…) 의자왕은 당과 교섭한 외교적 목적이 신라에 의해서 달성되지 않자, 당을 통한 외교가 아니라 군대를 동원하여 신라를 굴복시키기로 작정하고 659년 4월 신라를 공격하였다. 이는 백제에 대한 당의 군사 개입을 불러왔다. 바다와 개펄을 믿고 방심하던 백제는 바다 쪽을 소홀히 하고 있었다.

(…) 김춘추의 외교 담판으로 신라와 군사동맹을 맺은 당은 고구려 공격을 우선하였던 종래의 전략과는 달리 먼저 백제를 공격하기로 결정하였다. 660년 6월 당 소정방이 이끄는 13만 명의 당군과 김유신이 이끄는 5만의 신라군은 백제에 대한 공격에 나섰다.

(…) 의자왕은 계백으로 하여금 신라군을 맞아 싸우게 하였다. 비장한 각오로 결사대 5천명을 거느린 계백은 황산벌 전투에서 신라군의 공격을 막아내지 못하면서 전사하였고, 백강 하구에 상륙한 당군은 신라군과 합세하여 사비성으로 진군하였다. 결국 사비성이 함락되면서 백제는 멸망하고 말았다.

그런데 국운을 걸고 18만의 나·당 연합군과 싸운 백제군의 전투가 마치 계백 장군의 5천 결사대의 황산벌 전투가 결정적인 것처럼 기술하고 있으니 이만저만한 왜곡이 아니다. 고구려와 마찬가지로 망국과 함께 사료가 사라진 백제의 역사 또한 크게 왜곡되어 있는 것이다.

나·당 연합군과 싸웠던 백제를 '위키백과'를 참조하여 계속 살펴보면, 660년 망국의 위기에 처했던 신라는 애걸복걸한 끝에 당의 연합군이 아닌 속군 형식으로 백제 침공에 나섰다. 당은 한 번도 이기지 못한 숙적 고구려를 남과 북, 양쪽에서 공격하는 것이 훨씬 효과적이라는 계산으로 먼저 백제부터 치기로 했다. 신라가 속국을 자처하니 이제까지 원정작전의 가장 큰 애로였던 식량문제를 덜 수 있게 된 것이다.

1,900여 척의 전선을 타고 온 13만 명의 당군은 백제가 눈치채지 못하게 고구려와 가까운 인천 앞바다의 덕물도에 잠시 머물렀다가 기벌포에 상륙한 후 강을 따라 오르면서 곧바로 백제 도성으로 향하였다.

신라군은 북쪽으로 올랐다가 다시 내려와서 백제 남천정에서 사비성을 향하여 진격했다. 고구려를 공격하는 척하며 사비성으로 직진하지 않아 백제를 교란한 것이다.

물때와 개펄의 문제 등 침공계획을 치밀하게 준비한 나·당 연합군은 오로지 백제 도성만을 향해서 진군했다. 그때 위기에 몰렸던 백제가 황산벌로 급파한 병력은 고작 5천 명이었다고 한다. 최전선 국경에 배치된 병력을 불러들이기엔 시간이 촉박했다는 것이다.

사대주의자 김부식이 쓴 〈삼국사기〉 계백의 열전 기록을 보면 다음과 같다.

"한 나라 사람이 당과 신라의 대군을 당해내야 하니 국가의 존망을 알 수 없다. 내 처와 자식들이 포로로 잡혀 노비가 될지 모르는데, 살아서 욕을 보는 것보다는 차라리 쾌히 죽는 것이 낫다."며 마침내 가족을 모두 죽였다.

황산벌에 이르러 계백은 세 진영을 설치하고 신라의 군사를 맞아 싸울 준비를 하며 병사들에게 말하였다.

"옛날 구천은 5,000명으로 오나라 70만 군사를 격파하였다. 오늘은 마땅히 각자 용기를 다하여 싸워 이겨 국은에 보답하자."

드디어 힘을 다하여 싸우니 한 사람이 천 사람을 당해냈다. 신라 군사가 이에 물러났다. 이처럼 진퇴를 네 번이나 하였다. 그러나 마침내 힘이 다하여 죽었다.

달솔 계백 장군은 출전도 하기 전에 패배감에 사로잡혀 먼저 자기 가족부터 죽였다는 것이다. 그리고 겨우 5천 명에 불과한 결사대를 이끌고 황산벌에 세 진영을 세우고 5만 명의 신라군과 최후의 결전을 하여 3번 싸워 이기고 4번째 전투에서 패했다고 한다.

나라의 운명을 건 전투에 참전한 백제군이 겨우 5천 명이었다는 이 기록에 우리는 아무런 의문이 없을까?

달솔이라는 관직은 좌평 바로 아래의 품계이다. 황산벌 전투에 함께 참전한 장수는 달솔 계백 외에 최고위 관직인 좌평 충상과 달솔 상영(전투 중 좌평으로 승진)도 있었다.

달솔 1명으로도 충분할 5천 군사에 최고위직 좌평 2명은 너무 과하지 않은가? 좌평 충상과 달솔 상영은 자기보다도 관등이 낮거나 같은 달솔 계백의 지휘 아래 홀몸으로 전투에 임했다는 것인가?

고대 전쟁터에서 패배는 말할 것도 없이 군율 위반, 명령 불복종, 임무 수행 등에 실패할 경우 목을 잘라 처형하는 것이 일반적이었다. 그러므로 고대의 철저한 신분사회체제에서 최고위 신분인 좌평이 자기보다 아래 신분인 달솔의 지휘를 받으며 전쟁을 수행했다는 것은 긍정적으로 받아들이기 어렵다.

추측이지만, 사면에서 적을 맞은 위기상황에서 의자왕은 왕성에서 차출한 정예 5,000결사대의 지휘권을 전투경험이 많고 충성스런 계백에게 주었으며, 지원부대로 명을 받은 좌평 충상과 달솔 상영은 자신의 가병과 지역 내 귀족들의 사병을 끌어모아 각각 1영씩을 맡으면서 백제군은 3개의 영을 설치했을 것이며, 평상시 달솔이 지휘하는 1개 방령군 규모는 최대 8,000명이었으나 비상시인 만큼 그 규모를 5,000명으로 축소할 수밖에 없었을 것이다.

만약 황산벌의 백제군이 5천 군사가 전부라면, 5만 신라군에 대적하기 위해서 5천 군사를 3개 군영에 분산 배치한다는 것은 이해하기 어려운 용병술이다. 그러므로 황산벌 전투의 백제군은 백제 왕성에서 차출한 5천 결사대와 좌평 충상과 상영이 자신의 가병을 중심으로 지역 내의 인적자원으로 급히 충원한 지원부대 각각 5천 명씩, 총 1만 5천 명의 백제군이 3개 군영에 진을 치고 5만 명의 신라군과 싸웠다는 게 훨씬 설득력이 있다.

북쪽에서 내려오고 있는 신라군이 전략적 요충지 탄현을 이미 돌파하였다는 정보 보고를 받은 계백은 황산벌을 바라보는 황령산성에 좌군 진영, 산직리산성에 중군 진영, 모촌리산성에 우군 진영을 각각 배치했다.

신라군보다 먼저 도착한 계백은 이 길목 3곳에 진을 치고 신라군을 기다렸다. 신라군이 사비도성으로 가려면 반드시 통과해야 하는 길목이었다.

그러면 신라가 백제 정벌에 동원한 군대의 총규모는 얼마였을까? 김유신 장군이 신라군 5만 명을 전부 지휘하고 곳곳에서 전투를 한 다른 장수들은 혼자서 참전했을까? 그럴 리는 없을 것이다.

먼저 서해를 건너온 당군과 합류하여 길을 안내하고 합동작전을 펼칠 신라 수군을 태운 전선 1백 척이 덕물도에 도착하였다. 13만 명의 당군이 1,900척의 전선을 동원했다면 전선 1척당 평균 100명의 병사들이 승선했다고 볼 수 있다. 같은 기준으로 100척의 전선을 동원한 신라 수군은 적어도 1만 명 수준이었을 것이다.

또 당시 신라왕은 경주 왕경을 떠나 경북 상주 모동면 백화산에 위치한 금돌성에 전쟁지휘부를 설치했다. 전쟁물자와 장비는 물론 위급한 경우 지원할 예비대와 왕의 친위군까지 생각하면 그 규모는 최소 1만 명 이상이었을 것이다. 즉, 신라는 백제 정복전에 최소 7만 명 이상의 병력을 동원했다고 보아야 한다.

하지만 신라군은 전투에 적극적으로 나서지 않았고 대부분의 전투는 당군의 몫이 되도록 했다. 한반도를 점령하려는 당의 흑심을 진작부터 눈치 챘던 신라는 자신의 전력 손실을 최소화하고자 하였다.

백제군의 저항으로 신라군은 계획보다 하루 늦은 7월 11일 약속 장소에서 기다리던 당군과 합류할 수 있었다. 신라군이 하루 늦게 도착하면서 백제군과 홀로 전투를 치룬 당군은 엄청난 병력 손실을 보았다. 당군 사령관 소정방이 김유신에게 화를 낸 이유였다.

이 때문에 당군은 신라군에게 약속을 지키지 못한 책임을 물어 독군(督軍) 김문영을 처형하려하였으나 김유신의 반발로 그러지 못했다. 이후 소정방은 백제군과의 전투를 꺼리게 된다. 당군이 비록 백제 땅에 상륙하는 데 성공하였으나 예상보다 너무 많은 희생을 치렀기에 백제군의 군세를 두려워한 것이다.

흔히 백제가 멸망할 때 '계백 장군의 황산벌 전투'만 알고 이외에 큰 전투도 없이 그냥 의자왕이 항복한 것으로 잘못 알고 있다. 그러나 조금만 생각을 달리해서 상식적으로 이치를 따져보면, 백제 조정이 방어 전략을 두고 아무리 의견이 분분했고 또 생각이 모자랐다 하더라도 새까맣게 몰려오는 13만 대군의 당군을 내버려 둔 채 단지 신라군만을 염두에 두고 그것도 겨우 5천 군사로 결전했다는 것은 있을 수 없는 일이다.

얼마 전까지 신라를 멸망시킬 기세로 몰아붙이던 백제군은 모두 어디로 갔다는 것일까?

계백의 임무는 금강 하구에서 백제군 주력이 당군을 물리칠 때까지 신라군의 발을 묶어놓는 것이었다. 먼저 당군과 결전을 하고 이후 약체인 신라군을 상대하기로 작전을 수립한 의자왕은 금강 하구 기벌포에 상륙을 시도하는 13만의 당군을 상대로 정예병력을 투입했다.

백제군 주력은 계백 장군이 결사대를 이끌고 황산벌에서 신라군을 필사적으로 방어하는 동안 기벌포에서 당군과 사투를 벌였다. 기록이 전하지 않는 것은 백제군이 아주 잘 싸웠기 때문일 것이다.

신라가 강력한 나라였다면 다음 왕위에 오를 김춘추가 약소국 백제를 두려워해서 바다 건너 먼 당나라에까지 가서 애걸복걸 자식까지 인질로 잡히며 지원을 요청하지는 않았을 것이다. 백제는 신라를 멸망의 문턱에까지 몰아붙였던, 신라보다 훨씬 강력한 군사력을 지닌 강국이었다.

백제 멸망 5년 전인 655년에도 의자왕은 고구려·말갈과 연합하여 불과 한 달 만에 신라의 성을 30여 개나 점령하는 등 641년부터 660년까지의 19년간 백제가 빼앗은 신라의 성은 약 100개나 되었다. 또 신라에 점령당한 가야제국의 유민들도 백제 편에 섰다. 이런 상황이니 신라는 혼자 힘으로 도저히 백제를 대적할 수 없어 망국을 걱정하던 처지였다.

그러면 13만 명의 당군과 7만 명의 신라군 등 20만 명 이상의 나·당연합군에 맞선 백제군의 규모는 얼마였을까?

구당서 〈동이열전〉에 고구려는 5부 5방제로 나뉘어져 1백 76성, 69만 7천호라 하였다. 이를 호당 5명씩 계산하면 348만 5천 명이다. 백제는 본래 5부(중앙) 5방(지방)제로 나뉘어져 모두 37군 200성에 호구는 76만호로, 호당 5명씩 계산하면 380만 명으로 고구려보다 백제의 인구가 더 많았다.

〈삼국사기〉의 기록을 보면 백제가 한창 융성할 때 사비도성의 민호는 15만 2,300호였다. 그렇다면 사비도성 인구 75만 명 중 병력으로 운용 가능한 인력은 노약자와 여성을 제외하면 4분의 1인 18만 명으로 추산할 수 있다.

여기서 최전방으로 파견된 병력을 제외하더라도 도성 방어를 위해 도성 주변의 여러 산성, 진성 등에 상시 배치한 병력을 10만 명쯤으로 추산하고 그중 젊고 전투 경험이 풍부한 정예 병력은 그 절반인 약 5만 명으로 추산할 수 있다. 이 5만 병력이 나·당연합군의 침공을 받은 당시 기벌포 상륙 저지와 사비도성 방어에 나선 백제의 주력군이었다.

그러나 금강 하구의 남북으로 길게 늘어선 해안선 특성 때문에 병력을 집중할 수 없었던 백제군은 정예 5만 병력 전부를 개펄 전투에 투입하지 않고 상당한 병력을 후방의 여러 진성에 남겨두었다.

백제군은 당군이 금강 하구 북쪽 해안에 상륙할지 남쪽 해안에 상륙할지 유동적인 상황에서 병력을 한곳에 집중 배치할 수 없었다.

당초 상륙을 예정했던 해안에서 백제군의 강력한 저항에 부딪힌 당군은 금강 하구의 남과 북으로 흩어져서 상륙을 시도했다. 백제군의 분산을 노린 임기응변이었다.

강 하구에서 남·북으로 분산된 백제군은 한곳으로 빠르게 집결할 수 없었다. 백제군이 남쪽 해안으로 병력을 집중하지 못한 상태에서 당군 주력군과의 전투가 금강 하구 남쪽 해안에서 치열하게 전개되었다. 짧은 물때를 놓치면 바다에서 밤을 새우며 하루를 허비해야 하는 당군은 필사적인 상륙을 시도했을 것이다.

해안 개펄에서의 전투는 치열했으나 짧았다. 백제군은 수적 열세를 극복하지 못했다. 능히 싸울 수 있는 군세였으나 병력을 집중시키지 못한 작전의 실패였다.

왕권 강화에 반발하는 귀족세력을 누르는 데 열중했지 사람들의 신망을 받는 장수 하나를 제대로 두지 못한 의자왕의 한계였다.

여러 곳에서 상륙한 당군에 의해서 포위당할 우려가 있자 상대적으로 소수였던 백제군은 오성산성(군산시 성산면 성덕리)으로 옮겨서 전열을 재정비하기로 했다. 해안 개펄에서의 전투를 포기한 백제군은 오성산성에서 농성전을 전개했다.

백제군이 해안을 포기하자 당군은 본격적으로 해안에 병력과 공성장비를 쏟아 붓기 시작했다.

당군의 주력부대는 금강 하구 남쪽 해안에 성공적으로 상륙했다. 그러나 당군의 선단은 금강을 따라 사비도성으로 곧바로 진격할 수 없었다. 오성산성 때문이었다. 전열을 정비하자마자 당군은 오성산성 공략에 나섰다.

치열한 전투 끝에 오성산성의 백제군은 영웅적으로 전멸하였다. 당군도 막심한 손실을 입었으나 지체할 수 없었다. 당군은 쉴 틈도 없이 금강 수로와 육로 양방향으로 해서 백제 사비도성으로 진군을 서둘렀다. 백제군에게 전열을 정비할 시간을 줄 수 없었다.

부여 석성산성은 청마산성과 함께 백제의 도성을 방어하기 위한 중심 요새였다. 특히 석성산성은 수도인 사비 외성의 남방과 금강변을 방어하는 것이 주 임무로 황산성, 노성산성, 금강 건너의 성흥산성 및 배후에 있는 금성산성과 연결되는 사비도성 최후의 방어선이었다.

당군은 사비성을 방어하기 위한 여러 산성과 진성에서 치열한 전투를 치르며 진군했다. 이 과정에서 백제의 중앙정예군은 소멸되었고, 당군 역시 병력의 큰 손실을 피할 수 없었다. 그러나 백제의 지방 방령군은 아직 건재한 상태였다.

사비성에 대한 당군의 공격이 한창일 때 의자왕은 성을 빠져나왔다. 그는 웅진성에서 5지방 방령군을 불러 모은 후 반격을 할 생각이었다. 그러나 뜻밖에도 웅진성 방령 예식진의 모반으로 의자왕은 소정방의 포로가 되고 만다.

사비성과 웅진성을 함락하자마자 당의 소정방은 재빠르게 철군을 준비했다. 당군이 의자왕을 생포한 것은 백제군을 궤멸시키고 얻은 전과가 아니었다.

평생 동안 전장을 돌아다닌 소정방은 단 두 개의 성을 함락시키고 내부반란으로 운 좋게 의자왕을 생포할 수 있었던 당군의 한계, 그리고 고구려와 왜가 참전을 준비 중임을 잘 알고 있었다. 의자왕을 생포하여 원정의 목표를 달성한 마당에 철군을 미적거리며 계속 백제 땅에 머물 이유가 없었다. 당군은 백제군과의 전투에서 이미 엄청난 병력 손실을 본 상태였다.

소정방은 의자왕과 나라를 운영하는데 필수적인 신료와 백성 등 1만 2천여 명을 포로로 이끌고 660년 9월 3일 자기 나라로 철수해

버렸다. 당군의 철수대열에 웅진성 방령 예식진과 그 족속들이 함께 따랐다.

바다를 건너온 13만 대군이 1개월 20여 일 만에 전투를 끝내고 철군까지 해버렸으니 참으로 속전속결이었다. 이로써 백제는 지휘부의 공백으로 전쟁수행에 난맥을 초래하게 된다.

백제가 기벌포에서 당군을 막지 못한 것은 당군의 우세한 전력과 효과적인 상륙작전에도 원인이 있겠으나, 백제가 정예 병력을 해안 방어와 도성 방어에 분산시켰기 때문이었다. 의자왕은 도성 방어를 염두에 두고 해안지대의 전략적 요충지에 대한 병력지원을 소홀히 하면서 당군의 상륙을 막지 못하는 결과를 초래했다.

당군의 상륙 저지에 실패하자 병력이 열세였던 의자왕은 농성전으로 버티고자 하였다. 그러나 예상치 못한 내부반란이 일어나면서 지원군이 도착할 때까지 버티려던 의자왕의 작전은 차질을 빚고 말았다.

백제는 나당연합군과 능히 싸울 수 있는 군세였다. 그러나 시간이 부족하여 지방의 병력을 도성으로 불러들일 수 없었고, 귀족층의 분열과 대규모 전투를 지휘할 용장의 부재가 패전을 재촉했다.

당군의 상륙을 저지하지 못하자 웅진성으로 가서 최전방의 여러 진성에 분산 배치된 5지방의 방령군을 총동원하여 싸우려던 의자왕은 웅진 방령의 배반으로 포로가 되어 당나라 장안으로 끌려가고 말았다. 하지만 백제의 군세가 건재했음은 의자왕 이후 당군이 주둔한 웅진성 단 하나의 성만 제외하고는 백제 부흥군이 모두 회복한 사실에서도 알 수 있다.

기벌포 전투와 황산벌 전투에서 패전한 백제군은 사비도성의 중앙군이었고 5지방 방령군은 여전히 막강했다. 백제 부흥군의 공세는 강력하고 꾸준했다.

단 하나의 성에서 포위된 채 외롭게 버티던 당군이 본국에 원군을 요청하자 당 고종은 철군해도 좋다며 그 시기 결정을 현지의 장군에게 위임해버렸다. 전세는 확연하게 백제 부흥군 쪽으로 기울어져있었다. 그러나 백제 부흥군의 공세를 견디지 못한 당군이 철군을 결정하기 직전 백제 부흥군 내부에서 주도권 다툼으로 분열이 일어났다.

왕성한 백제 부흥군의 저항으로 모든 것이 수포로 돌아갈 즈음 당군은 부흥군의 내부분열이라는 기회를 포착하자마자 바다를 건너 재차 지원에 나섰다. 그리고 금강 하구 전투와 주류성 전투에서 분열된 백제 부흥군과 왜의 연합군에 승리함으로써 마침내 백제인들의 부흥 의지를 꺾을 수 있었다.

이 사실에서 분명한 것은 멸망 직전까지 백제의 군사력이 신라보다 우세했다는 것이다. 당군의 지원 없이 신라 혼자서는 백제를 어떻게 해볼 수 없었다.

신라왕 김춘추까지 전투에서 사망한 것을 보면 백제 부흥군과의 싸움이 얼마나 치열했는지 짐작할 수 있다.

당과 신라에 대한 분노를 삼키며 왜로 건너간 백제인들은 왕족과 귀족, 기술자, 학자 등 수십만 명이었다. 이후 668년에 고구려까지 멸망하자 왜는 국호를 '일본'이라 하고 그동안 존재하지도 않았던 일본이라는 나라의 역사서라며 712년 〈고사기〉와 720년 〈일본서기〉를 내놓는다.

기원전 660년부터 서기 700년까지 갑자기 1,300여 년을 짜깁기하자니 인물과 연대 등이 제대로 될 수 없었다. 오늘날 2간지(120년)를 더하니 빼니 하며 해석해야한다는 그 황당한 역사서이다.

일본은 망해버린 백제를 더는 종주국으로 인정할 수 없다며 조작하고 왜곡하여 역사서를 새로 썼다. '가야를 포함한 백제 등 한반도의 왕국과 왜'의 관계를 도치하여 백제와 가야의 역사를 마치 일본의 역사인 것처럼 조작하여 쓴 역사서가 일본의 역사서이다.

신라는 일본으로 건너간 백제가 왜의 군대와 연합하여 다시 쳐들어올까 두려워했다. 신라군에 패한 뒤 쫓겨 간 당군은 신라가 위기에 처했다고 또다시 출병할 리 없었다.

신라는 해안을 봉쇄하고 쇄국정책을 펼쳤다. 그렇게 신라는 바다와 한반도 밖의 백제와 고구려의 땅과 유민을 버렸다.

신라 문무왕은 전쟁으로 지친 백성을 안심시키기 위해서 자신이 죽은 뒤 동해에 묻으면 용이 되어 바다로 침입하는 왜구를 막겠다고 유언을 했다. 오늘날 관광지로 이름난 문무대왕릉은 삼국을 통일했다는 신라가 그들의 왕을 땅이 아닌 바다에 장사지낼 정도로 백제와 왜를 두려워했다는 증거이다.

신라는 당의 도움으로 백제와 고구려에 승리했으나 여러 가지 제약으로 한반도의 귀퉁이 신세를 벗어나지 못했다. 후삼국 시대의 전개는 옛 백제 땅, 옛 고구려 땅이 신라의 삼국 통일 후에도 그대로 백제의 땅, 고구려의 땅이었음을 말해준다.

그때 피눈물을 흘리며 한반도를 떠나 왜의 땅으로 건너갔던 백제는 역사에서 사라져버렸다. 백제에 속하였던 왜가 역사를 조작하여 일본으로 탈바꿈을 한 것이다.

그렇지만 왜는 백제였으니, 왜가 일본으로의 탈바꿈은 '불완전 탈바꿈'일 수밖에 없었다.

일본을 한 껍질만 벗기면, 고구려와 같은 조상을 모시고 한반도의 서울·경기·충청·호남 및 황해도와 평안도, 그리고 한때는 요서지역과 산동반도까지 판도로 하였던 부여족의 나라 백제가 있다.

4. 광개토호태왕 능비

나라 밖의 정세에 관심이라곤 전혀 없이 오로지 권력에 눈이 먼 소수의 가문이 백성의 등골을 빼먹고 고혈을 짜내는 세도정치가 시작되고 있던 1811년, 신미년의 조선 통신사는 일본에 간 마지막 통신사였다.

조선 통신사는 편안한 잠자리와 진귀한 음식으로 융성한 대접을 받으며 대마도를 거쳐 일본의 수도 교토에 이르러 쇼군에게 국서를 직접 전달하는 것이 관례였는데, 1811년의 통신사는 대마도에서 국서만 전달하고 돌아왔다.

그때 일본은 제한적이나마 나가사키의 데지마를 통해서 200년 가까이 서양의 발달한 문물을 받아들여 오던 터라 지식과 기술이 일정 수준에 이르게 되자 더는 조선으로부터 배울 게 없다고 판단했다.

중국을 사대하며 철저한 쇄국으로 국제정세에 장님이던 조선과 달리 일본은 근대화에 필요한 인물들을 양성하고 있었던 것이다. 반면, 조선의 통신사들은 일본인들 앞에서 주자학 경문이나 술술 외며 일본인이 무식하다고 경멸할 뿐 일본의 변화를 몰랐고 알려고도 하지 않았다.

1858년 미국의 페리 제독의 개항요구에 굴복하여 불평등조약인 미·일 수호통상조약을 맺은 일본은 13년 후인 1871년 이와쿠라 사절단을 미국·영국·프랑스·독일·러시아 등 12개국에 파견하여 서양의 정치·외교·경제·군사 등을 배우게 했다.

서양의 문물을 게걸스레 받아들인 일본은 그들이 미국의 함포에 놀라 굴복했던 그 방식을 그대로 조선에 써먹었다. 1876년 협상장 앞에서 함포를 쏘아대는 일본 군함 운양호의 무력에 굴복한 조선은 불평등조약인 병자수호조약을 맺을 수밖에 없었다.

일본의 발전에 깜짝 놀란 조선은 5년 후인 1881년 청국에 영선사(83명), 일본에 신사유람단(61명)을 파견했다.

즉 서양의 신식문물을 배우겠다며 사절단을 파견한 시기는 한·일 간에 단 10년의 차이밖에 없었다. 그러나 일본의 사절단(108명)은 권력층 귀족의 자제들을 중심으로 해서 22개월 동안 구미 12개국에서 성공적으로 그 임무를 완수하며 근대국가로 도약할 발판을 마련했지만, 조선이 청국에 보낸 영선사는 중인·천인 신분이 중심이었고 유학과는 관계없는 양반의 수종도 33명이나 있었다.

또 조선은 방문국을 일본과 청국에 한정하였고, 그마저도 나라의 지원 부족, 정치적 상황 변화 등 이런저런 이유로 영선사는 4개월, 신사유람단은 6개월 만에 귀국하고 말았다.

개혁을 요구하는 자기 백성을 죽이기 위해서 고종임금이 청나라 군대를 불러들이면서 시작된 전쟁이 청·일 전쟁이다. 청·일 전쟁과 러·일 전쟁에서 잇달아 승리하면서 동아시아 맹주로 우뚝 선 일본은 1905년 을사늑약으로 한국의 외교권을 박탈하였다.

늑약이 시행되자 한민족의 얼을 완전히 없애버리려는 일본의 야욕은 곧 드러났다. 비열한 일본은 '사대주의로 살아온 한국인은 자치능력이 없는 열등한 민족'이니 식민지배가 필요하다며 국제사회로부터 한국을 고립시키기 시작했다.

한반도를 강점한 일본은 식민사학자들을 총동원하여 아주 옛날부터 한반도 북부는 중국, 남부는 일본의 지배를 받아왔다는 '임나일본부'설로 그들의 지배를 정당화하고, 한국인은 그 정신이 병들었다며 일제에 저항의식을 갖지 못하게 하였다. 이렇게 일본이 한국을 통째로 집어먹기 위해 범죄를 저지르고 있을 때 미국과 영국은 일본과 한통속이었다.

1882년 만주에 밀파된 일본군 간첩에 의해서 발견된 광개토호태왕 능비의 탁본을 해석했다며 1888년 공개한 일본은 4세기 후반 한반도 남부가 이미 일본의 식민지였다는 사실을 이 비문이 증명한다고 주장하였다.

　즉, 백제 멸망 후 한·일의 역사적 주종관계를 도치하여 엉터리로 쓴 일본 역사서에 나오는 신공황후의 삼한정벌 때 조선은 이미 일본의 속국이 되었으니 일본의 조선 지배는 부당하지 않다는 것이다. 그들의 주장대로라면 한민족은 아득한 옛날부터 남의 지배를 받으며 살아온 노예였고, 일본의 한반도 점령은 그들이 잃었던 옛 땅을 되찾는 것이었다.

　과연 그럴까? '위키백과'를 참조하여 살펴보면, 일본 제국주의자들은 비문의 '倭以辛卯年來渡海破百殘口口新羅以爲臣民'를 '왜가 신묘년(391)에 바다를 건너와 백제·(가야)·신라를 격파하여 신민으로 삼았다'고 해석하여, 來渡海破가 신공황후의 삼한정벌설과 함께 한국을 식민지배하는 정당성을 뒷받침해주는 역사적 근거라고 주장하였다.

　일제는 비문의 확인되지 않은 두 자를 '임나' 또는 '가야'로 보았고, 이 해석에 따르면 4세기 후반 왜가 한반도 남부를 지배했다는 역사적 사실이 일본 측 자료가 아닌 고구려의 자료에 의해서 입증되는 것이다.

해방 후에도 광개토호태왕 능비의 이른바 신묘년조의 해석을 둘러싸고 한·일간에 논쟁이 치열하게 전개되었다.

광복운동으로 일제에 체포되어 감옥에서 돌아가신 신채호 선생은 일찍이 〈조선상고사〉에서 '일본인들이 비석의 닳아 없어지거나 이지러진 부분에 석회로 발라 그들에게 유리한 쪽으로 비석을 위조하여 탁본을 뜨고…'라 하여 일제의 비문조작설을 제기하였듯이, '百殘新羅舊是屬民由來朝貢而倭以辛卯年來渡海破百殘□□新羅以爲臣民' 이 구절을 둘러싼 해석은 비문 발견 때 일본에 불리한 글자를 고의로 훼손하고 변조하였다는 설, 탁본을 뜨기 전에 석회를 발라 글자를 조작했다는 설 등 아주 다양하다.

광개토호태왕 능비가 가지는 의미는 엄청나다. 그것은 다른 사람의 손에 의해서 과장되거나 왜곡되지 않은 고구려인의 손에 의해서 직접 기록된 역사이기 때문이다. 그런 만큼 비문의 정확한 해석의 중요성은 말할 필요가 없는 것이다.

이제까지 일본 측이 멋대로 '임나' 또는 '가야'라고 주장하는 '百殘□□'의 미확인 2자가 무엇이든 이 비는 광개토호태왕의 업적을 기리기 위해 세운 비이지 '왜'를 높이고 기리기 위한 비가 아니다. 그러니 비문에서 '왜'가 해석의 주체가 될 수 없다. 결코 그럴 수 없다. 분명한 것은 '新羅以爲臣民' 뒤에 이어지는 글을 보면 태왕이 수군을 이끌고 백제를 토벌했다는 내용이 있다.

> 百殘新羅舊是屬民由來朝貢 而倭以辛卯年來渡海破(?)
> 百殘□□新羅以爲臣民 以六年丙申 王躬率水軍 討伐殘國

그러므로 앞의 글 신묘년조는 태왕이 백제와 왜를 토벌하게 된 이유를 쓴 것이다. 따라서 무리가 없고 합리적인 신묘년조의 해석은 이런 것이 아닐까?

> 백제와 신라는 옛날부터 속국으로 고구려에 조공을 바쳐왔다. 그런데 신묘년에 (백제의 지시에 따라) 왜가 바다를 건너와서 백제와 함께 신라를 침략하여 신민으로 삼으려고 하였다. 이에 태왕이 병신년에 몸소 수군을 이끌고 신라를 보호하기 위해서 백제와 왜의 연합군을 토벌했다.

모든 역사기록을 종합하여 보면, 당시 가야와 왜는 백제를 종주국으로 하고 있었다. 즉, 왜는 백제 멸망 때까지 백제의 지시에 따르는 속국이었다.

660년 백제가 멸망하고, 663년 백제 부흥군과 왜의 지원군이 금강 하구 전투에서 나·당 연합군에게 패배한 뒤 수십만 명의 백제 유민이 한반도를 떠나 왜국으로 향했다. 그리고 668년 고구려까지 멸망하자 백제 유민과 왜인들은 백제 부흥의 꿈을 접고 스스로의 길을 걷기 위해 나라이름을 '일본'으로 바꾸고 그들만을 중심으로 한 역사서, 712년에 〈고사기〉, 720년에 〈일본서기〉를 새로 썼다.

〈일본서기〉는 백제와 가야의 역사를 마치 일본의 역사인 것처럼 도치하여 쓴 것으로, 오늘날 2간지(120년)를 더하니 빼니 하며 해석해야한다는 그 역사서이다.

이런 망측한 역사서를 바탕으로 왜의 야마토 정권이 4세기 후반 한반도 남부에 진출하여 가야 땅에 일본부라는 기관을 두고 한반도 남부를 지배했다는 해괴한 주장이 '임나일본부설'이다.

'일본'이라는 국명은 고구려, 백제가 나당연합군에게 멸망한 670년 이후에 사용되었다. 그러므로 4세기에는 존재하지도 않았던 일본이 그때 이미 '일본'이라는 명칭을 사용했었다는 것은 이치를 벗어난 것으로 〈일본서기〉를 쓸 때, 그때 역사를 조작한 것임을 알 수 있다.

일본 땅을 제외한 가야의 최대 영토는 한반도의 경남을 비롯하여 전남·전북·경북지방까지였음이 고분 발굴과 연구로 밝혀지고 있다. 가야의 고분군이 신라의 그것을 능가하는 것이다. 가야는 규슈

섬의 일부를 판도로 하던 왜의 야마토 정권과는 비교할 수 없는 강력한 제국이었다.

백제와 가야의 공격에 영원토록 고구려의 노객이 되겠다는 신라의 구원 요청을 받고 출동한 고구려군은 5만의 보·기병이었다.

400년 당시 가야는 동북아 최강국이었던 고구려가 5만의 정예병을 동원하여야 제압할 수 있었던, 철제무기와 갑옷으로 중무장한 군대를 보유한 강력한 제국이었다.

광개토호태왕의 능비에 쓰인 '임나가라'가 바로 '임나일본부'라는 일본의 주장은 그들의 침략행위를 정당화하고 한국인을 능멸하려는 교활한 거짓말이다. 일본은 오늘날에도 역사 교과서에 '391년의 왜가 670년의 일본보다 강성했다며 1,600여 년 전 신묘년에 바다를 건너가서 백제와 신라를 치고 신민으로 삼았다는 임나일본부설'을 서술하고 있다.

이것은 일본이 한반도를 지배했다는 조작된 역사로 그들의 어린 학생들을 그릇되게 가르치는 것이다. 100년 전 일본제국이 대한제국을 강제로 병합하여 식민지배하며 쌀뿐만 아니라 쇠와 놋그릇 놋수저까지 강탈하였고, 우리말 우리글을 못 쓰게 하였으며, 강제노역과 징병, 일본군 성 노예 등으로 한국인을 끌고 간 죄악들, 그리고 역사를 왜곡하여 한민족의 민족의식을 말살하려고 하였던, 은혜를 원수로 갚으려 하였던 그 숱한 죄악들을 반성하기는커녕 여전히 한국인을 그들의 식민지 노예로 보는 제국주의적 시각이다.

아주 옛날부터 삼한 사람들을 비롯하여 가야와 백제인들이 한반도에서 눈으로 볼 수 있는 대마도를 거쳐 규슈로 건너가서 살았다. 그리고 가야, 백제 및 고구려가 망하였을 때는 망국의 설움을 안은 사람들이 집단으로 왜의 땅에 건너갔다.

일본이 역사를 조작하고 왜곡할수록 한반도에서 건너간 사람들이 일본 땅을 개척하였다는 역사적 진실은 더욱 분명하게 드러날 수밖에 없다. 그럼에도 불구하고 일본은 망해버린 백제가 왜의 종주국이었고 한반도가 그들에게 은혜의 땅이었다는 사실을 받아들이기를 거부하며 역사 왜곡을 택했다.

우리는 이런 일본을 어떻게 보아야 할까? 우리 고대사를 고구려·백제·신라의 삼국시대라는 표현보다는 가야를 포함하여 사국시대라고 부르자는 주장이 오래전부터 있었다. 가야를 제외하고 삼국이 분립하던 시기는 562년부터 660년까지의 98년에 불과하므로 사국시대로 표현해야 한다는 것이다. 게다가 최근에는 고구려·백제·신라·가야의 사국시대가 아니라 왜를 포함하여 오국시대라는 표현이 한민족의 견지에서 더 정확하다는 주장도 있다.

일본은 교과서에 '임나일본부설'을 게재하여 학생들을 가르치며 한국과 한국인을 폄훼한 지 오래되었다. 그런 가운데 문재인 대통령은 100대 국정과제에 '가야사 복원사업'을 포함했다. 가야사 복원과 함께 왜가 한반도 남부를 지배했다는 '임나일본부설'의 진실 규명이 어느 수준까지 될지 자못 궁금하다.

5. 칠지도

일본의 '신도'는 신화와 전설 또는 역사적으로 유명한 인물·자연현상 등을 숭배하는데, 그런 숭배대상을 신으로 모신다.

흔히 신이라면 '전지전능한 존재'로 알지만 8백만이라는 일본 '신도'의 신들은 사람처럼 그 기능에 따라 전문화되어 있으니 전지전능과는 거리가 먼 모양이다.

이처럼, 우리가 볼 때 일본의 신은 전혀 신 같지 않으니 일본은 잡신들의 나라라고 하겠다. 이렇게 잡신들이 많으니, 일본인들은 특정 종교와 관계없이 자신의 이익을 좇아 적당한 신들을 찾아 섬긴다고 한다. 일본인들의 이중적 성격을 보여주는 한 단면이다.

'신도'를 종교라고 할 수 있을까? 사람마다 종교를 바라보는 시각이 다양하기 때문에 모든 종교를 포괄하는 획일적인 정의는 사실상 불가능하다고 한다. 즉, 신사에 대한 참배가 단순한 국민의례인지 아니면 종교의식인지 구분하기 어렵다는 것이다. '신도'가 종교라면 일본은 다신교의 나라이고, 종교가 아니라면 무종교의 나라라고 하겠다.

 국민의례이든 종교의식이든 신사참배는 일제강점기 때 모든 한국인에게 강요된 일본 제국주의의 식민지정책 중 하나로 한국인의 민족의식을 말살하고 일본 왕에 대한 충성을 강요하는 사상통제 정책이었음을 한국인은 잊지 말아야겠다.

 신사와 신궁은 신도의 사당으로 일본 전역에 그 수가 12만 개를 넘으며, 그중 8만 개는 한반도와 관련된다고 한다. 신사보다 그 격이 높은 것을 신궁이라 하는데 역사가 오래된 신사, 신궁일수록 가야·백제·신라·고구려와 관련되고, 특히 가야제국과 관련된 것은 일본 왕가와 관련이 있으니 신사와 신궁의 역사를 캐면 캘수록 일본의 뿌리는 한반도라는 사실이 드러나는 것이다.

 제국주의 시대 때부터 본격적으로 시작된 일본의 역사 왜곡은 한국의 고대사·근대사·현대사 모두를 심하게 왜곡하고 있다.

 고대사의 경우 대표적으로 '임나일본부설'과 함께 광개토호태왕 능비의 '래도해파', 그리고 '칠지도'에 새겨진 명문 해석을 들 수 있는데, 오늘날 일본은 백제가 진상한 칠지도를 통해서 4세기 후반 한반도에서 왜가 군사 활동을 했음을 알 수 있다고 학생들에게 가르치고 있다. '임나일본부설'이 역사적 사실이라는 것이다. 과연 칠지도는 백제가 왜에 진상한 것일까?

천리교로 유명한 나라현 천리시에 있는 이소노가미 신궁에 백제에서 건너간 칠지도가 일본의 국보가 되어 보관되어 있다. 일본 제국주의자들에 의해서 세상에 모습을 드러낸 칠지도를 위키백과를 참조하여 살펴본다.

〈일본서기〉 신공기에 의하면, 이소노가미 신궁에 봉안되어 있는 칠지도는 백제에서 왜로 건너온 것이라는 기록이 있다. 제작연대는 369년으로 알려져 있다. 이소노카미 신궁의 대궁사(1873년~1877년)로 있던 간 마사토모가 칠지도에 붙어있던 녹을 닦아내다가 칼의 양쪽면에 금으로 새겨놓은 글자를 '우연히' 발견했다고 한다.

당시 일본은 1868 메이지유신을 단행하면서 일왕을 정점으로 부국강병, 정한론, 대동아공영 등을 외치는 제국주의로 나아가고 있었다. 그런 시기에 일본제국의 대표적인 국수주의 학자 간 마사토모가 천 년 넘게 봉인되었던 창고에서 몇몇 글자가 훼손된 칠지도의 명문을 우연히 발견했다는 것이다. 정말 우연일까?

그때 조선은 변화를 거부한 채 깊은 잠에 빠져 과학기술에 무지한 만큼 일본의 변화에 둔감하였다. 그리고 얼마 지나지 않아 일본제국은 광개토호태왕 능비를 발견했다며 '래도해파'를 주장하게 된다.

이렇게 일본은 조선을 집어삼키기 위한 수순을 차곡차곡 밟아가고 있었다.

일본의 가장 오래된 역사서 〈일본서기〉에 기록되어 있는 칠지도를 일본은 백제왕이 왜왕에게 진상한 것이라 하고, 한국은 백제왕이 왜왕에게 하사한 것이라고 서로 다르게 주장한다. 진상인지 하사인지 칠지도의 명문이 훼손되어 이에 대한 해석이 여럿이나 현재까지의 대체적인 해석은 이렇다.

앞면) 泰口四年 (五)月十六日 丙午正陽 造百鍊(鋳) 七支刀
(出)辟百兵 宜供供侯王 口口口口祥

'태口4년 5월 16일 병오 전양(온 세상을 밝고 환하게 비추는 태양의 기운이 가장 왕성할 때) (쇠)를 백번 불에 달구어 만들었다. 모든 병란을 물리치는 칠지도를 기꺼이 제후왕에게 내린다. 오래도록 크게 좋으리라.' (口口口口상'은 지워져 알 수 없으나 丙午正陽이 길상구인 것처럼 길상구 永年大吉祥일 것으로 짐작한다.)

뒷면) 先世以來 未有此刀 百濟王世子 奇生 聖音 故爲倭王 旨造 傳示後世

'선세 이래 이런 칼은 없었다. 백제 왕세자 기생의 성스러운 말씀에 따라 왜왕 지를 위하여 (이 칼을) 만들었으니 후세에 길이 전해 보여라.'

부산·김해에서 맑은 날이면 육안으로도 볼 수 있는 대마도, 그리고 규슈는 일찍부터 한반도와 물길이 열려 있었다.

칠지도 제작연도 서기 369년('태□4년 5월 16일 병오'의 명문 훼손으로 정확한 제작연도는 논쟁 중이다. 또 칠지도는 22담로를 두었던 백제가 유력한 제후에게 하사한 임명장이라는 주장도 있다.)은 철갑옷으로 무장한 한반도의 부여족이 말을 배에 싣고 건너가 규슈를 시작으로 당시 왜라고 불리던 일본을 본격적으로 점령하기 시작한 해이다.

일본열도를 성공적으로 점령한 부여족은 국가체제를 갖추고 왕위에 올라 통치하기 시작했으니 이른바 고분 시대의 개막이다. 그리고 이를 기념하여 부여족의 나라 백제의 왕세자가 하사한 칼이 칠지도이다.

그때까지 일본 땅에는 기마가 없었고 왕도 없었으니 당연히 대형 봉분도 만들지 못했다. 오늘날 일본이 고대 일왕들의 무덤을 발굴하여 역사의 수수께끼를 풀려고 하지 않는 이유가 여기에 있다고 하겠다.

칠지도는 광개토호태왕 능비와 함께 고대 한일관계의 '수수께끼'로 양국 학계의 끊임없는 논쟁의 대상이 돼 왔다. 그렇지만 일본이 억지로 역사를 왜곡하여 궤변을 늘어놓지 않는다면 수수께끼일 리가 없고 논쟁의 소지도 없을 것이다.

백제가 불교를 수용한 해는 서기 384년, 신라는 527년이니 칠지도 제작 369년은 무속을 신앙하던 시대였음을 말해 준다.

칠지도를 보면 7개의 가지가 있다. 이것은 무기로서의 실용성보다는 무속적 신적 의미가 있는 어떤 것을 형상화한 것이다. 고조선의 단군이나 신라의 차차웅이 무당을 뜻하듯이 고대의 왕들은 무속적 통치자였다.

오늘날의 무당이 대나무를 사용하듯이 고대 시베리아 무속의 우주수목은 자작나무였다. 신라 왕관의 7가지나 칠지도는 무속의 신목인 자작나무를 상징한 것이다.

칠지도는 369년 백제 양세자가 성공적인 왜 정벌을 치하하고 부여족이 왜왕이 되었음을 확인하며 내린 증표였다. 따라서 칠지도는 부여족이 왜국의 지배세력이었고, 왜는 백제의 여러 속국 중의 하나였음을 말해주고 있다.

나·당 연합군과 싸운 백제군 최후의 전투는 663년 8월에 벌어진 금강 하구 전투로 백제와 왜의 연합군 대 신라와 당의 연합군 간의 전투였다.

백제의 지원 요청을 받고 규슈 쓰쿠시까지 직접 와서 전선 건조 등 지원군 파병에 힘쓰던 사이메이 왜왕이 재위 7년 만인 661년

8월에 죽은 뒤 왕세자 중대형(中大兄, 나카노오에)는 즉위식도 치르지 않고 백제 부흥을 지원하였다. 그러나 백제에 파병된 왜의 구원군은 금강 하구에서 패하고 말았다. 그때 퇴각하는 왜군과 함께 대규모의 백제 유민이 일본열도로 건너왔다.

왕세자 중대형은 어머니의 유지를 받들어 백제 유민들과 함께 힘을 기른 후 고구려와 동맹을 맺어 백제 부흥을 이루고자 참전을 반대하던 호족들이 장악하고 있는 나라(奈良)의 아스카가 아닌 비와호 남단의 오츠노미야(지금의 오츠시)로 환도하였다.

그 후 그는 권력다툼으로 분열된 고구려가 당과의 전쟁에서 회복할 수 없는 지경으로 기울어진 668년 2월에야 즉위식을 가졌다.

백제에 대한 충정을 간직한 채 전쟁을 준비하는 중대형의 움직임에 나라 지역에서 웅거하던 호족들이 반발하면서 왜국은 두 세력으로 갈라졌다.

백제 부흥을 위해서 애쓰는 백제 유민을 주축으로 한 세력은 천지왕(왕세자 중대형)을, 일찍이 한반도에서 일본열도로 건너와서 갖은 고생 끝에 안정된 기반을 조성하고 살아가는 호족세력들은 왕의 동생 대해인을 지지했다.

그러나 동생 대해인은 형 앞에서 결코 자신의 야망을 드러내지 않았다. 왜 왕실이 소아 가문의 얼굴마담에 불과하던 시절 모든 권력을 쥐고 있던 소아입록을 태극전에서 단칼에 베어 죽이고 권력을 장악한 형이었다. 그는 형의 말이라면 무엇이든 받아들이며 잘 따랐다.

권력의 비정함을 누구보다 잘 알고 있으면서도 천지왕은 그런 동생을 동지로 아끼고 사랑했다. 하지만, 천지왕이 사망한 뒤 그의 동생 대해인은 나라의 토착 세력인 호족들의 후원을 받아 내전을 일으켜 조카(홍문왕)를 죽이고 천무왕으로 등극한다. 그는 어머니와 형의 뜻을 저버리고 망해버린 백제를 더 이상 종주국으로 인정하지 않았다.

그의 명령에 따라 712년에 〈고사기〉, 720년에 〈일본서기〉가 각각 편찬되었다.

그는 '일본'이라는 새로운 나라 이름을 짓고 또 그 지배자의 이름을 '천황'이라고 정하여 스스로 일본을 중국과 대등한 제국으로 선언하면서 고구려, 백제, 신라와 같은 한반도의 나라들을 일본에 조공하는 제후의 나라로 역사를 조작하였다. '백제 또는 가야를 종주국으로 하던 왜'의 관계를 '왜를 종주국으로 하는 백제와 가야'로 도치하여 조작한 역사서가 〈고사기〉이고 〈일본서기〉이다.

일본은 자신이 망해버린 백제의 속국이었다는 역사적 사실을 깡그리 없애버리려고 하였다. 일본은 백제가 그들의 종주국이었다는 흔적을 지우고 대신 자기들이 한반도를 지배했다고 역사서를 날조했다. 그렇게 일본은 생태적으로 역사 왜곡을 떠나서는 존재할 수 없는 나라로 출발했다. 그렇지만 역사상의 수많은 증거들이 어찌 그들 흉계대로 매끄럽게 정리될 수 있으랴.

　일본 역사 연대기는 기원 전후의 야요이 시대, 3세기 중후반부터 6세기 후반의 고분 시대, 서기 593년~710년을 아스카(飛鳥) 시대, 710년~794년을 나라(奈良) 시대로 구분한다.

　그런데 '아스카'를 한자로 비조(飛鳥)라고 쓰면서 왜 '아스카'라고 읽는 것일까?

　〈삼국유사〉는 단군이 '아사달'에 도읍을 정하고 국호를 '조선'이라 하였다고 한다. 즉, 한민족의 첫 도읍지 이름이 '아사달(阿斯達)'로 그 뜻은 양달 곧 '해가 뜨는 곳'이며, 나라이름 '조선(朝鮮)'도 '아사달'과 같은 뜻인데 이를 한자로 표기한 것이다.

　마찬가지로 아스카를 (날)飛 (새)鳥로 쓰고 '날이 새는 곳', 즉 '해가 뜨는 곳'을 의미했고, '일본(日本)'이라는 뜻도 '해가 뜨는 곳'이다.

고대는 글이 없는 관계로 어떤 것은 한자의 '뜻'을, 어떤 것은 한자의 '소리'를 빌려 표기했다. 그러므로 일본인은 '아스카'를 한자로 비조(飛鳥)라고 쓰면서 왜 '날이 새고 해가 뜨는 곳'이라는 의미인지, 또 백제(百濟)라고 쓰고 왜 '쿠다라'로 읽고 '큰 나라', '좋은 것'이라는 의미인지 일본어로는 해석할 수 없는 것이다. 한국인에게는 따로 설명하지 않아도 잘 아는 '나라(奈良)'라는 의미 역시 마찬가지이다.

칠지도가 세상에 알려졌을 때 이미 누군가에 의해서 금으로 새겨진 몇몇 글자가 훼손되었다며 시끄러웠다. 또 백제는 '세자'가 아니라 '태자'라고 하였다는 주장도 있고, '奇生 聖音'의 해석도 여러 가지이다.

그러나 일본이 아무리 칠지도의 글자를 훼손하고, 해석을 왜곡하여도 변할 수 없는 사실이 있다. 그것은 백제왕이 왜왕에게 '진상'했다는 칠지도 명문이 '명령형'을 취하고 있으며, 또 '후왕'은 대왕이 임명하는 제후로 신하의 의미이니 이를 어찌할 것인가?

한반도
　통일의
　　주역이 될
　　　우리에게

　　　역사는
　　　　말한다.

제2편

굴절과 멍에의 역사

1. 진주성

임진왜란은 조선을 침략한 일본군과 7년간 치열하게 싸워 마침내 조선이 승리한 전쟁이다.

그 승리의 요인을 크게 보면, 해전에서 조선 수군의 승리, 전쟁 중반 이후 육전에서 조선 관군의 반격, 그리고 전국 각지에서 일어난 의병들의 활약 등이다. 그러나 조선 땅에서 벌어진 전쟁이었으니 그 참혹한 피해는 오로지 조선의 몫이었다.

200년 동안 계속된 평화로 안일에 젖어 국난대비에 소홀했던 조선은 초반에 고전했으나 전열을 정비한 후 대대적인 반격에 나섰다.

조선군이 반격에 나선 전쟁 중반 이후 보급 두절에 빠진 일본군은 곤경에서 벗어나지 못했다. 평양성 전투 이후 퇴각을 거듭한 일본군은 남해안에 성을 쌓고 웅거하다가 일부 병력만 간신히 일본으로 도망칠 수 있었다. 조선에 상륙했다가 살아서 돌아간 일본군은 30%,

많아야 40%에 불과했다. 조선의 승리였다.

　조선인은 천성적으로 싸움을 싫어하고 평화를 사랑하지만, 불의를 보면 참지 못하는 성격으로 일단 싸움을 시작하면 결단코 끝장을 보고 마는 무서운 저력의 민족임을 임진왜란 7년 전쟁을 통해서 유감없이 드러냈다.

　임진왜란 당시 진주성은 천혜의 요새였다. 성의 남쪽에 남강이 흐르고 서쪽은 가파른 절벽이며 북쪽에는 넓고 깊은 해자가, 가장 취약한 동쪽은 외성과 내성으로 이루어졌으니 외적이 쉽게 함락할 수 없는 성이었다.

　일본군에게 처참한 패배를 안긴 1차 진주성전투는 임진애란 3대첩의 하나로 꼽힌다. 반면, 2차 진주성전투는 일본군에 의해 성이 함락되면서 진주성의 군민은 모두 학살당했으니 임진왜란 7년 전쟁 중 단일 전투에서 가장 큰 인명피해를 본 전투였다.

　오늘날 관광 상품이 된 진주의 '유등축제'와 '육회비빔밥'은 진주성 전투에 그 기원을 두고 있으니, 그때 진주성의 상황을 말해주는 상징이다.

　매년 음력 6월 29일이면 진주성 '임진대첩 계사순의 단'에서 전투 중 순절한 충혼들을 위무하기 위한 제향을 봉행한다. 임진년에 적을 물리친 1차 전투와 계사년에 7만 군민이 순국한 2차 전투를 함께 기리는 것이다. 그런데 음력 6월 29일은 계사년 2차 진주성전투 때 성이 함락된 날로, 이날에 행사를 가지면서 언제부터인지 승리한 1차 진주성전투는 잊히고 있다.

철저한 준비로 용맹하게 싸운 끝에 일본군을 물리치고 수성에 성공한 1차 진주성전투의 승리를 기뻐하고 즐기는 대신 '위령' '위무' '제향' '추모' 등 승전과는 멀어 보이는 용어와 함께 '순국한 7만 군민을 위령하는 행사'가 되면서 진주성전투를 패배한 전투로 만들고 있지나 않은지 걱정스럽다.

순국한 분들을 위령하는 행사도 의미가 있다. 그렇지만 우리는 외적과 싸워 이겨놓고도 왜 승리의 기쁨을 노래 부르고 즐기지 못하는지 참으로 안타깝다.

이를 달리 보면, 불순한 의도를 가진 어떤 무리가 이 땅을 침략한 일본군과 싸워서 이긴 조선의 승리를 기억하고 기뻐하지 못하도록 우민화를 획책하는 꼴이다.

진주성 공북문을 들어서서 오른쪽을 보면 1차 진주성전투를 승리로 이끈 진주 목사 충무공 김시민 장군의 동상이 우뚝 서있다. 김시민 장군은 무과에 급제하기 전 겸사복 소속이었다.

겸사복이란 정원이 50명으로 임금을 경호하는 기병대였다. 당시 왕을 경호하는 부대는 겸사복과 함께 내금위와 우림위가 있었으나, 세 조직 가운데 가장 뛰어난 무예 실력을 갖춘 부대가 겸사복이었으니 김시민 목사는 기병 전술을 익힌 조선 최고의 무인 중 한 명이었다.

공은 일본군이 침입했다는 소식을 듣자마자 염초를 마련하고 수백 개의 쇠구슬을 한 번에 장전하여 쏠 수 있는 현자총통 170자루를 만드는 동시에 기병 500기를 중심으로 훈련에 들어가는 등 전투준비에 착수했다. 1차 진주성전투가 벌어지기 5개월 전이었다.

곧 진주성은 의병이 아닌 3,700명의 관군으로 전투준비를 마쳤다. 준비를 마친 진주성의 정예 관군은 사천, 고성, 신해를 비롯하여 거창, 김천까지 출동하여 일본군과 전투를 벌였다. 기병 전술은 공의 주특기였다.

보병 위주로 한반도에 진출한 일본군은 경상우도에서 기습전을 펼치는 진주성의 기병에 의한 피해가 막심했다. 더구나 일본군은 모두가 조총으로 무장한 것이 아니었으니 진주성의 기병대는 일본군에게 큰 위협이었다. 자연히 일본군은 눈엣가시 같은 진주성을 주목할 수밖에 없었다. 일본군 처지에서는 후방의 안전을 위협하는 진주성을 오래도록 놔둘 수 없었다.

1차 진주성전투는 1592년 음력 10월 5일부터 10일까지, 사천의 관군 100명이 합세한 3천 8백여 명의 병력으로 6일 동안 3만여 명의 일본군 공격을 맞아 10전 10승하여 수성에 성공한 전투이다. 성 밖에서 의병들이 일본군의 후방을 공격하여 혼란에 빠뜨리는 등 관군과 의병이 합세하여 펼친 연합작전의 빛나는 승리였다.

　전투에서 일본군은 약 1만 명, 조선군은 약 300명이 전사했다. 아쉽게도 전투 마지막 날에 김시민 목사가 일본군 저격수의 총탄에 이마를 맞고 쓰러졌다. 공은 정성어린 치료도 보람 없이 11월 22일 돌아가셨다. 공이 쓰러지면서 500기병이 성 밖의 의병과 연합하여 도망치는 적을 추격하여 섬멸하겠다던 작전을 실행하였는지 알 수 없으나 전투능력을 상실한 일본군 부대는 멀리 부산으로 퇴각했다.

　이후 진주성의 존재를 확인한 도요토미 히데요시는 노발대발하며 진주 목사의 목을 가져오라고 명령한다. 이 전투는 이순신 장군이 지휘하는 수군의 승리와 함께 일본군이 조선을 완전히 점령하려는 계획을 좌절시켰다.

　1차 전투 때 김시민 목사는 외부에서 온 지원군을 성안으로 들이지 않았다. 심지어 김시민 목사의 지휘 아래 출동한 진주성 기병대의 지원을 받아 일본군을 격파했던 경상 우병사 유숭인이 지원에 보답하겠다는 순수한 마음으로 진주성에서 함께 싸우겠다며 성 밖에까지 병력을 이끌고 왔으나 끝내 성문을 열어주지 않았다.

2차 전투 때 진주 목사 서예원이 김천일, 최경회, 황진 등을 성안으로 불러들이고 군 지휘권을 넘겨준 것과 대비된다.

2차 진주성전투는 1593년 음력 6월 21일부터 29일까지 벌어진 전투이다. 1593년 평양성 전투와 벽제관 전투 후 서로 전투를 피하려는 명군과 일본군 사이에 강화회담이 오갔다. 조선에서 승기를 상실했다고 판단한 일본군은 남쪽으로 후퇴를 시작했다.

도요토미 히데요시는 후퇴하는 일본군 전군에 진주성을 공격할 것을 명령했다. 1차전 패배에 대한 보복이었다.

당시 조·명 연합군의 작전권은 명군이 행사하고 있었다. 명군은 일본군과의 강화협상 성공을 위해 가능한 한 전투를 피했다. 명군은 남의 나라에서 헛되게 죽을 이유가 없었다. 종전만 되면 임무완수이고 상황종료였다.

일본군이 진주성으로 집결하고 있었다. 그러나 진주성을 지원하기 위해서 왔던 조선 관군을 비롯한 의병들이 일본군이 몰려온다는 소식을 듣고도 진주성을 빠져나갔다.

명군의 지시가 있었다. 그러나 관군 아닌 의병장 출신들이 지휘하는 호남의 독자적인 부대들, 창의사 김천일의 군사 3백 명, 충청병사 황진의 7백 명, 경상 우병사 최경회의 5백 명, 복수의병장 고종후의 4백 명과 부장 장윤의 3백 명, 의병장 이계련의 1백 명, 의병장 변사정의 3백 명, 의병장 민여운의 2백여 명 등이 진주성의 정예 관군과 합세했다.

관군이 아닌 이들 호남의 의병들은 사지임을 알면서도 진주성에 들어왔다. 진주성의 군세는 관군 3천 명과 의병 3천 명 총 6천 명에 6만 내지 7만 명의 남녀 노약자를 포함한 백성들이었다.

수만 명의 백성이 진주성에 들어온 것은 지리산에 숨어서 굶주리다 죽는 것보다 1차 전투에서 승리한 진주성이 더 안전하고 살아남을 가능성이 높다고 생각한 때문이었다. 반면 진주성을 공격하기 위하여 사실상 전 병력을 동원하여 10만 명에 육박하는 일본군은 모두 전투로 단련된 정예군이었다.

전투는 9일간 25회 벌어졌다. 대치했던 첫날을 제외하면 하루 평균 3차례, 최대 7차례까지 접전이 있었다. 그야말로 밥 먹을 시간도, 잠 잘 시간도 없이 치른 격렬한 전투였다.

진주성의 조선 관군과 의병은 24번 이겼으나 25번째 전투에서 패했다. 장맛비가 계속 내리면서 현자총통은 침묵하고 활은 늘어졌다. 그런 상황에서 빗물의 무게를 견디지 못한 동쪽 성벽이 무너졌으나 일본군의 공격을 잘 막아내고 있었다. 그러나 동쪽이 뚫렸다는 헛소문이 성안에 돌면서 사람들은 싸울 의지를 잃고 말았다.

마지막 전투에서 조선 관군과 의병 6천 명은 전원 전사했고 성안의 백성 6만 명도 학살당했다. 진주성을 함락한 일본군은 진주 목사 서예원과 경상 우병사 최경회의 목을 도요토미 히데요시에게 바쳤다.

일본군의 전사자는 38,000명으로 추정한다. 일본군은 1차전과 마찬가지로 30% 이상의 전사자를 냈다.

2차 진주성전투에서 많은 병력손실로 전투력이 약화된 일본군은 추격하는 조선군에 퇴로가 차단당할 것을 염려하여 전라도 진격을 포기하고 부산으로 퇴각했다.

진주성 2차 전투는 조선 관군과 의병 6천 명의 15배가 넘는 일본군이 25번 공격하여 24번 패하고 마지막에 겨우 한 번 이긴 전투이다. 일본군의 승리일까?

명군이 참전하면서 작전권을 명군이 행사하였으니 진주성 2차 전투는 외부의 지원 없이 진주성의 군민이 외롭게 일본군과 싸운 전투였다. 진주성은 국방을 소홀히 하여 군 작전권을 행사할 수 없었던 나라의 군민이 어떻게 싸우다 죽어갔는지 보여주는 역사의 현장인 동시에 당시 우리 선조들에게는 오늘날 정치꾼들의 선동에 의해 '질병' 수준에까지 이른 지역감정이란 없었음을 보여주고 있다.

진주성은 분명 호국의 성지이다. 그렇지만 그냥 호국의 성지가 아니다. 우리는 진주성을 자랑할 때 그 호국정신의 바탕에 영호남의 화합이 자리하고 있음을 먼저 분명하게 강조해야 한다.

호남사람들은 명을 사대하는 조정이 포기한 진주성이 사지인 줄 알면서도 먼 길을 달려왔다. 그리고 그들은 진주성에서 진주 사람들과 운명을 함께했으니 이보다 더한 영호남 화합의 상징이 있겠는가.

진주성에서 순국한 3장사는 모두 호남에서 온 사람들로 김천일은 나주, 최경회는 화순, 황진은 남원 출신이었다. 전라도 의병은 사지인 줄 알면서도 진주성에 왔고, 적을 맞아 용맹하게 싸운 끝에 진주 사람과 운명을 같이했다.

이런 역사적 사실 앞에서, '에나' 진주 사람이라면 지역감정을 가질 수 없다. 정상배들의 농간에 빠져 실수로 지역감정을 가졌던 진주 사람은 크게 부끄러워해야 할 것이다.

"영남도 우리 땅이요 호남도 우리 땅인데 어찌 멀고 가까움을 가리겠는가?"

진주성 1차 전투 때 일본군이 진주성으로 몰려들고 있다는 소식에 출진하면서 '전라도를 버릴 것이냐?'는 측근에게 최경회 장군이 한 말이다.

진주성 촉석루 오른쪽에는 논개의 영정을 모신 사당 '의기사'가 있고, 아래를 보면 남강 가에 논개가 왜장을 안고 강물에 뛰어들었다는 '의암'이 있다. 의기사는 '의로운 기생의 사당'이라는 뜻이다. 왜 논개를 기생이라고 할까? 논개를 관기 또는 기녀라고 하고 심지어 40살도 더 차이가 나는 최경회의 첩이라고도 하니 심히 유감이다.

논개에 관한 최초의 기록은 유몽인의 〈어우야담〉 인륜 편의 '효열' 대목이다. 진주성을 함락하였으나 병력의 손실을 크게 입은 일본군이 퇴각하여 남쪽 바닷가에 성을 쌓고 몰려있을 때 세자 광해군이 3도를 순회하며 군대와 백성을 위무하였다. 그때 세자를 수행하던 유몽인이 진주성에서 살아남은 사람들의 이야기를 듣고 기록으로 남겼다는 것이다.

> 논개는 진주의 관기였다. 만력(명나라 제13대 군주 신종의 연호. 고종 이전의 조선은 독자 연호를 사용하지 않고 명과 청의 연호를 사용하였다.) 계사년에 김천일이 거느린 의병이 진주성에 들어가 왜적에 맞서 싸웠다. 마침내 성이 짓밟히자 군사는 패하고 백성은 모두 죽었다.

> 논개는 얼굴과 매무새를 아리땁게 꾸미고 촉석루 아래 우뚝한 바위 위에 있었으니, 바위 밑은 바로 깊은 강물 가운데로 떨어지는 곳이었다.
> 여러 왜병이 바라보고 좋아했지만 모두들 감히 가까이 오지는 못했는데, 한 장수가 홀로 나서서 다가왔다. 논개가 웃으면서 맞이하니 왜장도 그를 꾀면서 끌어당겼다. 이때 논개는 드디어 왜장을 끌어안고 물속으로 몸을 던져 함께 죽었다.

지금 진주성을 함락하고 성안의 사람들을 모두 무참하게 죽인 뒤 촉석루에서 쉬고 있는 왜장들 중 하나를 강가 바위 위로 유인하여 죽이겠다며 열 손가락에 가락지를 끼고 온 여인이 실성한 사람처럼 머리를 산발한 채 짚신에 남루한 옷차림으로 나타났을까?

당연히 논개는 기녀 차림을 했고 왜장을 죽이는 데 성공했다. 그렇게 전쟁터에서 적을 죽이고 순국한 여인을 '관기'라니…. '관기'라는 이 말은 전쟁터에서 살아남은 자가 적과 싸우다가 전우와 함께 죽지 못했음을 자책하는 '살아남은 자의 슬픔'과는 한참 거리가 있어 보인다. 아마 논개를 '관기'라고 한 데는 조선사대부의 '남존여비' 의식도 한몫을 했을 것이다.

조선은 여성을 위한 공식적인 교육제도가 없었고 과거시험도 없었으니 여성을 위한 벼슬자리는 없었다. 그런 나라에서 여성을 기리는 사당을 지었다. 제사는 나라의 일이었으니 진주 목사는 내키지 않았으나 어쩔 수 없이 봄 가을 두 차례의 공식적인 제사만큼은 지내야했다. 그러나 '물에 빠져도 개헤엄은 치지 않는다'라는 양반사대부가, 높은 벼슬의 지체 높은 관리가 많은 백성 앞에서 미천한 신분의 여인에게 절을 올리는 것은 체통이 서지 않는 일이었다. 결국, 제사는 진주 목사나 경상 우병사가 아니라 '관기'들이 드렸다. 오늘날 의암별제는 여성들만이 제관이 될 수 있는 진주만의 독특한 형식의 전통제례라고 자랑한다.

그렇지만 논개를 '관기'라는 것이, 조선의 사대부가 관기를 높이려는 것이 아니라 여성을 비하하는 얄량한 권위의식을 드러낸 것이라면, 나라를 위해 순국한 사람조차 여인이라면 비하하는 그것이 진정 자랑거리인지 진주의 여성들은 깊이 생각해 볼 일이다.

논개와 관련한 기막힌 사건이 있었다. 일본 후쿠오카 현 다가와 시에 사는 '우에쓰가 하쿠유'라는 일본인이 왜장 게야무라 로쿠스케의 죽음을 알게 되었다.

그는 존경하는 일본의 사무라이가 조선 여인의 꾐에 빠져 죽은 것을 치욕이라고 생각했다. 1973년 진주에 온 그는 조선 여인의 용감한 순국, 일본과 한국의 화해와 교류, 미래 등 온갖 감언이설로 논개와 게야무라의 넋을 일본으로 가져가는 의식을 치렀다.

진주의 흙과 함께 논개의 영정을 똑같이 만들어가지고 간 우에쓰가 하쿠유는 히코산에 게야무라와 논개의 합동 사당 보수원을 만들었다. 1976년 보수원 준공식 때 진주시장은 우에쓰가 하쿠유에게 감사장까지 주었다고….

그리고 그는 논개가 왜장 게야무라 로쿠스케를 너무나 사랑했기 때문에 함께 강물에 빠져죽었다며 영혼결혼식을 올리고 논개의 영정을 그의 부인 옆에 첩으로 세워놓았다. 2011년 5월에는 '논개 순국 체험행사'가 도마 위에 올랐다. 여자 어린이들이 왜장 인형을 끌어안고 에어매트가 깔려 있는 아래로 떨어지는 체험이었다.

논개의 정신을 기린다는 이런 식의 행사도 어이가 없지만, 일부 언론이 '투신자살 연습'이라는 것 역시 논개의 순국을 자살로 매도하는 것으로 일본의 역사왜곡과 같은 맥락이다.

지금 나라를 위해서 순국한 여인 '논개'를 두고 한국은 '관기'라 하고, 일본은 조선에 진출한 왜장의 '현지처'라 하고, 일부 언론에서는 '자살'이라고 한다. 기가 막힐 일이다. 다 아는 사실이지만, 우리가 사는 사회가 어떤 사회인지는 우리의 운명을 결정짓는 문제이기도 하다. 그러므로 우리는 사회의 온갖 나쁜 일과 그릇된 생각을 깨뜨려 버리는 동시에 바른 뜻을 펼치고 바른 길로 가기 위해서 꾸준히 힘써야 한다. 우리의 아들딸들을 위해서 지금보다 더 나은 세상, 사람이 사는 세상을 만들려고 애를 쓰자는 것이다.

'의암' 위에서 열 손가락에 가락지를 낀 논개가 우리에게 외치고 있다.

"부디 진주성이 주는 역사적 교훈을 잊지 말라. 어떤 지원도 없이 진주성 홀로 싸우게 되었으니 진주성의 군민은 이기기 어려운 싸움인 줄 알았다. 그러나 사람들은 적에게 무릎 꿇고 노예로 비겁하게 살기를 거부했다.

그날 진주성에서 피가 내를 이루었다. 성이 함락되고 다음날이었다. 일본군 졸개들은 성벽을 허무는 작업에 동원되었고 왜장들만 촉석루에 모여 있었다. 촉석루 기둥에 뿌려진 피는 아직 마르지 않았고 곳곳에 있는 시신들은 싸우다 쓰러진 모습 그대로였다.

그런 아비규환 속에서 피 냄새를 풍기며 음흉한 웃음으로 나에게 접근한 왜장은 자신이 얼마나 흉악무도한지를 보여준 것이었다. 나는 우리 조선과 조선 사람을 능멸하는 왜장을 죽였다. 죽어 마땅한 놈을 죽인 것이다.

나는 왜장을 죽이고 죽었으나 실상은 죽지 않았다. 노예이기를 거부한 나는 죽지 않고 이렇게 사람들 가슴속에 살아있다.

나 논개가 당신에게 말한다. 당신도 스스로 판단하고 행동하는 자유인이 되어라.

자유인만이 나라와 민족을 사랑할 것이고, 사대주의에 빠져 주체성을 잃고 남이 시키는 대로 행동하는 노예근성과 지역감정의 추종자가 되기를 거부할 것이다.

사대주의와 지역감정, 그것은 죽음이며 파멸이라고 진주성이 온몸으로 증언하고 있지 않은가?"

2. 사대와 사대주의

영화 〈남한산성〉은 1636년 청의 공격을 받은 인조가 9년 전 정묘호란 때 그랬듯이 강화도로 피신하려다 실패하자 식량도 무기도 부족한 남한산성에서 포위당한 채 대치하다 항복하기까지 47일간의 이야기를 그렸다.

2017년 10월 3일 개봉한 후 10월 27일 현재 누적 관객 380만 명에 불과하니 〈남한산성〉은 장기 상영하더라도 총제작비 손익분기점 관객 수 560만 명을 넘기기 어려워 보인다.

충무공 이순신 장군이 13척의 전선으로 133척의 일본군을 격파한 영화 〈명량〉에 환호하며 1천 7백만을 기록하였던 관객이 〈남한산성〉을 외면하고 있는 것이다.

일반적으로 천만 관객 영화의 조건은 모든 연령층 특히 중장년층의 공감을 받는 '작품성'과 '메시지'라고 한다. 조선이 명에 대한 의리만 고집하다가 청에 '삼두구배'하며 굴복하는 〈남한산성〉의 메시지가 너무 어둡고 무겁다는 것일까?

조선 왕 인조가 삼두구배하던 장소에 세워진 삼전도비는 청이 조선에 출병한 이유, 조선의 항복, 조선이 항복하자 청 태종이 자비롭게 곧 회군한 사실 등을 내용으로 대청 황제의 공덕을 기리기 위하여 1639년(인조 17년) 조선이 스스로 만들어 세운 비이다.

> 대청황제공덕비라고도 하는 삼전도비는 원래는 한강변 삼밭나루터의 항복을 했던 곳에 세워졌다가, 1895년 청·일 전쟁에서 청나라가 패하고 조공 관계가 단절되자 조선은 치욕의 비라며 강물에 수장시켰다.
>
> 하지만 일제 강점기인 1913년 조선 민족의 예속된 역사를 입증한다며 일제가 다시 세워놓았고, 1945년 광복 직후에 주민들이 역사의 치욕이라며 땅속에 묻어버렸다.
>
> 1963년 홍수로 다시 모습이 드러났고, 여러 차례 이전을 거듭하다가 1983년 송파구 석촌동에 옮겼다.
>
> 이후 고증을 거쳐 2010년 4월 25일 비석이 서 있던 원래 위치인 석촌호수 수중에서 30여m 떨어진 송파구 잠실동 석촌호수 서호 언덕으로 옮겼다. (출처:위키백과)

부끄러운 역사라며 강물에 빠뜨리고, 땅속에 파묻고, 침을 뱉고 외면한다고 하여 그 역사가 사라지고 우리를 보는 중국과 일본의 시선이 달라지기라도 할까?

역사에서, 특히 수난의 역사에서 우리는 더 많은 것을 생각하고 배워야하는 것 아닌가?

2010년 현재 만주족은 1천만 명이니 남북한 인구의 8분의 1에 불과하다. 당시 조선은 오랑캐라고 멸시하던, 인구 8분의 1일에 불과하던 만주족에 굴복하고 50만~60만 명의 백성이 포로로 끌려가는 수모를 당했다. 그때 포로로 끌려간 50만 명의 절반, 아니 절반의 절반만이라도 힘을 합쳐 싸웠더라면 그런 치욕을 당하지 않았으리라는 생각을 하게 된다.

사대와 사대주의는 다르다. 사대가 전근대 아시아의 국제관계에서 약소국이 강대국에 취한 외교 노선을 지칭함에 반해, 사대주의는 주체성을 잃고 자율적이지 못하며 자국보다 강한 세력을 맹목적으로 숭상하고 복종하며 받아들이는 인식과 행동을 말한다. 주체적인 의식도 없이 외세를 맹목적으로 받들어 정신적인 병이 된 경우를 두고 '사대주의'라고 하는 것이다.

조선은 건국을 명에 대해 사대로 시작하였다. 사대가 조선의 외교 정책이었다면, 임진왜란 이후 명이 쇠퇴하고 후금(청)이 강해졌으면 그에 맞춰서 실리를 좇아 후금(청)을 사대하면 되는 것이었다.

광해 임금은 그렇게, 사대 정책으로 왜란 이후 아직 국력을 회복하지 못한 조선에서의 전쟁을 피했다. 그러나 나라와 백성을 생각하기보다 권력에 눈이 먼 서인 무리는 쿠데타를 일으켜 집권하였고 그 명분으로 명에 대한 사대를 고집했다. 그들은 외교정책으로서의 사대가 아니라 사대주의로 정신이 병든 무리였다.

그 결과 오랑캐라고 욕하던 청 태종 발아래에서 머리를 세 번 땅에 처박고 아홉 번 허리를 굽히는 '삼두구배'라는 유례가 없는 국가적 치욕을 당했다. 삼전도의 굴욕은 사대와 사대주의를 구분 못하도록 정신이 병들어 있고 자신의 영달만을 목적으로 권력욕에 눈이 먼 무리가 불러들인 역사상 최악의 국가적 참사였다.

청군의 빠른 남하를 예상 못 했던 조정은 청군이 개성에 도달했다는 급보를 받고 역대 선왕들의 신주와 세자빈, 원손, 봉림대군, 인평대군 등 왕실 가족과 조정 신료들의 처자들을 급히 강화도로 피신시켰다.

강화도 수비대장은 김경징이었다. 그는 강화도로 올 때 자신의 일가와 친지들을 노골적으로 챙겨서 온 인물로 그의 부친은 비상시에 군대를 거느리고 지휘하는 체찰사 김류였으니, 당시 조선의 군권은 사실상 이들 부자의 손안에 있었다.

강화도가 천혜의 요새로 안전하다고 생각한 김경징은 장기 농성에 대비하여 식량 확보에만 신경을 쓸 뿐 강화도 방어는 거의 손을 놓고 있었다. 수군과 병선이 없는 청군이 강화도에 상륙할 수 없을 것이라고 잘못 판단하고 있던 그는 강화도 주변에 병력을 배치하여 적의 침공에 대비하는 대신 날마다 잔치를 열고 술잔을 기울이는 것이 일이었다. 반면 명군과의 전투를 앞두고 있던 청군은 조선 왕의 항복을 빨리 받기 위해서 출동 때부터 강화도 공략을 계획하고 있었다.

강화도를 살피던 청군은 조선군의 방어태세가 매우 허술함을 금방 알아챘다. 요새라던 강화도가 전투다운 전투도 없이 단 한 번의 기습으로 청군에 점령되면서 피란해 있던 왕자 등은 모두 포로가 되었다.

남한산성에서 농성하던 인조는 이 소식에 더는 버틸 수 없다며 항복하고 만다.

이후 조선은 청을 사대하면서도 중화는 오랑캐가 세운 청이 아니라 명을 대신한 조선이 '소중화(小中華)'라는 태도를 망국 때까지 견지한다.

실리도 없고 아무도 알아주지 않는 '소중화'였으니, 정통성 없는 쿠데타 세력이 내세울 수밖에 없었던 궁색한 명분이었고 그들의 통치를 정당화하기 위한 우민화정책이었다.

남해대교를 건너면 노량리 바닷가 작은 언덕 위에 충렬사가 있다. 충무공 이순신을 기리기 위한 사당으로 공이 노량에서 순국하신 후 아산으로 운구하기 전 약 3개월가량 안치되었던 곳이다. 이곳에 공의 묘비가 세워져 있다.

의정부 우찬성 송시열이 지었다는 이 묘비는 '유명 조선국 삼도수군통제사(有明朝鮮國三道水軍統制使)'로 시작한다. 이 땅의 비석마다 흔하게 볼 수 있는 '유명(有明) 조선국'은 무슨 의미일까?

유명 조선국은, 명에 속하는, 명이 있는 다음에 조선이 있다는, 즉 조선은 명의 속국이라는 뜻이라고 한다. 그렇다면 '유명'은 조선이 외교정책으로 취한 사대가 이 땅에 사는 사람들의 정신을 어떻게 병들게 하였고, 그 운명이 어떻게 굴절되었으며, 이제는 왜 멍에가 되었는지를 보여주는 상징이라고 하겠다.

우리 손으로 만들어 세웠으나 땅속에 묻어야 할 치욕의 비는 삼전도비만이 아닌 것이다.

전쟁이 끝나자 조선 왕 선조는 이렇게 말했다.

> 조선이 망하지 않은 것은 오로지 명나라 덕분이다. 우리나라 사람들은 한 것이 없다. (선조실록 1601년 3월 17일자)

선조의 이 말은 이순신 장군을 비롯하여 나라를 위해서 일본군과 싸우다 목숨을 바친 수많은 사람들을 폄훼하는 것이니 임금이기 전에 사람이 참으로 용렬하고 천박하다고 하지 않을 수 없다. 그의 정신은 사대주의로 병들어 있는 것이다.

조선은 작은 나라이니 크고 강한 명을 섬기고 그에 의지하겠다는 사대주의와 오랑캐는 사람이 아니고 한족과 한족화 된 사람만이 진정한 사람이라는 중화사상은 조선인에게 주체성과 자주성을 빼앗고 정신적 예속을 초래했다.

그 예속은 정신적 폐쇄를, 정신적 폐쇄는 마침내 국가 사회적 폐쇄를 불러왔다. 수백 년 계속된 사대로 정신이 사대주의로 병들면서 조선의 말로는 비참한 망국이었고 사람들은 노예로의 전락이었다. 사대주의로 나라와 백성을 도탄에 빠뜨렸던 그 무리와 오랑캐에게 노예로 끌려다니며 곡소리를 내고 피눈물을 흘려야했던 그때 그 백성들은 무엇이 잘못된 것인지 깨달았을까?

우리는 외세에 의존하다 망국이라는 아주 쓴 맛을 본 민족이다. 그런데도 우리는 왜 남의 나라 군대가 우리를 위해서 대신 피를 흘리며 싸워줄 것이라고 생각할까?

세상에 공짜가 있을까? 그렇게 좋은 것이라면 우리는 왜 다른 나라를 위해서 공짜로 피 흘리며 대신 싸워주지 못하는가? 한국인이라면 사대주의는 사람의 정신을 병들게 하고 노예 상태에 빠지게 한다는 사실을 잊지 말아야 한다. 이것은 역사가 우리에게 주는 준엄한 가르침이다.

지금 탄핵을 반대하는 태극기 집회를 보면 사람들이 성조기도 함께 들고 있다. 국내 문제로 가지는 우리 집회인데도 성조기를 들고 있는 모습은 무엇이 부끄러운 것인지 모르는 우리의 병든 의식을 드러내는 것으로 세계의 웃음거리가 되고 있다.

성조기를 든 태극기 집회는 우리 민족에게 끔찍한 비극을 가져왔던 사대주의가 사람의 정신을 얼마나 병들게 하는지 보여주는 서글픈 현장이다.

3. 헤이트 스피치와 쥬고엔 고쥬센

 2018년 2월 9일 평창 겨울올림픽 개회식을 중계하던 미국의 유명 방송국의 해설자가 일본 선수단이 입장할 때, 일본은 한국을 1910년부터 1945년까지 식민지배하였는데 한국인들은 일본의 식민지배가 한국의 문화와 기술, 경제의 발전에 중요한 본보기가 되었음을 마땅히 인정해야 한다는 망언을 뱉었다.

 철면피한 일본 우익이 주장하는, 일제의 식민지배가 한국의 근대화에 도움을 주었다는 이른바 식민지 근대화론을 올림픽 개회식 날에 그 미국인이 읊은 것이다.

 또 2월 10일에는 영국 보수 일간 더타임스가 평창 올림픽 개막식 소식을 전하면서 남북 선수단이 한반도기를 들고 공동 입장하는 사진과 함께 '선수들이 든 깃발은 남·북한의 두 적이 하나가 되어 일본의 섬에 대한 소유권을 주장하는 것처럼 비친다'는 기사를 실으면서 독도가 아닌 제주도에 동그라미를 표시하여 한국인을 아연실색게

했다. '남·북한의 두 적'은 일본 우익의 시각이다.

미국과 영국의 그 언론은 한국이 주최하는 올림픽 잔치마당에서조차 왜 일본을 미화하는 발언을 하는 것일까?

미국과 영국은 일본과 함께 식민지배로 인류에 큰 고통을 안기고 부를 일군 나라들이다. 그때 그들은 일본을 두둔하는 한편 한국과 한국인을 비하하고 폄훼하며 식민지배하는 데 한통속이었으니 이번 사태를 어찌 우연한 해프닝으로 볼까?

이 사태에서 막판까지 개막식 참석 여부를 저울질하였고, 한국으로부터 내정에 간섭하지 말라는 핀잔도 받았던 일본을 제외한다면 이상한 노릇이리라.

고추냉이 테러(오사카 시장의 한 유명 초밥집에서 한국인 손님들에게 초밥에 고추냉이를 잔뜩 넣은 것을 내놓아 먹인 사건), 지하철 방송논란(오사카에서 '외국인이 많아 불편하다'라는 지하철 방송이 나와 물의를 일으킨 사건), 묻지 마 폭행(여행 중인 한국인 가족의 10대 학생이 일본인에게 이유 없이 배를 발길질 당한 사건) 등 '혐한' 논란이 끊이지 않고 있는 일본 오사카에서 한국인 관광객이 또 봉변을 당했다는 소식이다. jtbc에 따르면, 2016년 10월 12일 일본 오사카의 유명 관광지 도톤보리를 여행 중이던 한국 여성 2명이 '한국말을 사용한다'며 뒤따라오는 일본 청년 4명에게 아무런 이유도 없이 '한국 죽어라'라는 욕설과 위협을 당했다고 한다.

증오언설 또는 헤이트 스피치(hate speech)는 인종·성·연령·민족·국적 등 특정한 그룹에 대한 편견, 폭력을 부추길 목적으로 이루어지는 의도적인 폄훼, 위협, 선동 등을 담은 발언을 뜻한다. 그렇지만 일본에서 '헤이트 스피치'는 오로지 '혐한시위'와 같은 말이다. 일본 법무성에 따르면 2012년 4월부터 2015년 9월까지 1,152건의 혐한 시위가 재일 한국인들의 삶을 위협했다고 한다.

일본인의 헤이트 스피치의 핵심은 다른 나라 사람도 아닌 바로 한국인에 대한 차별이다. 한때 쓰레기 수거차가 돌아다니면서 "조선인이 있으면 쓰레기통에 담아 말살시켜버리자."라는 방송을 하였고, 신오쿠보 한인 타운에서는 보수우익들의 행패로 한인들이 운영하는 280여 개 점포가 문을 닫을 수밖에 없었다고 한다.

일본이 '헤이트 스피치'를 억제하기 위한 법률을 2016년 5월 24일 만들었다. 그동안 헌법상 표현의 자유를 내세우며 법안 마련에 소극적이던 아베 정권이 이 법을 만든 것은 일본이 한국인을 차별하고 혐오하는 행위가 잘못된 것임을 깨닫고 반성하는 차원에서가 아니라, 인종차별이 국제적으로 심각한 문제로 부상하자 그들의 국익을 위해서 국제사회에 '보여주기' 위함이었다.

이 법에는 '혐한시위'와 '헤이트 스피치'를 금지한다는 규정이 없고 또 법을 어길 경우 처벌할 수 있는 근거도 없으니 독일의 최대 징역

3년, 영국의 2년 이하의 징역과 비교된다. 따라서 이 법은 역설적으로 일본인의 한국인에 대한 인종차별과 우월적 의식이 얼마나 심각한 수준인지를 보여주고 있다.

일본인이 아무 이유도 없이 한국과 한국인을 미워하고 싫어하듯이 많은 한국인 역시 일본과 일본인을 혐오하는데 그중의 하나가 야스쿠니 신사이다. 한국인의 눈으로 보면 야스쿠니 신사는 일본이 어떤 범죄를 저지르고 얼마나 많은 사람들을 죽였는지를 보여주는 죄악의 상징이다.

2015년 12월 9일 일본 경찰이 야스쿠니 신사 방화를 시도한 범인으로 한국인 1명을 체포하여 수사 중이라 하는데, 이번 야스쿠니 신사 화장실 방화 미수사건에 의문점이 많다.

만약 어느 한국인이 그 끔찍한 야스쿠니 신사를 없애버리려 했다면 신사 전체를 폭파시키거나 불을 질렀을 텐데 겨우 신사의 담 밖에 있는 화장실 지붕에 불을 놓으려다 미수에 그쳤다니…, 그것도 일본 경찰이 수사에 착수했다는 보도를 보고 한국인 범인이 비행기를 타고 스스로 일본에 와서 체포되었다니 참 어이가 없다. 사건의 전모를 볼 때 어떤 흉계를 숨긴 조작 같다는 생각을 지울 수 없다.

야스쿠니 신사 화장실 방화 미수사건으로 시끄러운 가운데 관동대지진 때 억울하게 희생된 한국인 40명의 명단이 추가로 확인되었다.

관동대지진 한국인 학살사건은 일본 관동지역에서 대지진이 발생하자 일본의 군인과 경찰, 민간인 등이 단지 한국인이라는 이유 하나만으로 현지의 한국인 수천수만 명을 집단으로 살해한 사건이다.

1923년 9월 1일 일본 가나가와 현 사가미 만을 진앙지로 큰 지진이 발생하자 도쿄 일원의 관동지방은 큰 피해를 입었고, 민심이 흉흉해지는 가운데 계엄령이 선포되었다. 일본정부는 흉흉해진 민심의 방향을 정부가 아닌 다른 쪽으로 돌리고 강력하게 통제할 필요가 있었다.

공포 조장을 통한 사회통제 강화의 제물은 한국인이었다. 각 경찰서에 하달된 내용 중에 '재난을 틈타 이득을 취하려는 무리들이 있다. 조선인들이 방화와 폭탄에 의한 테러, 강도 등을 획책하고 있으니 주의하라'는 내용이 있었다. 이 내용은 일부 신문에 보도되었고, 이를 보고 더욱더 과격해진 유언비어들이 신문에 다시 실리면서 '조선인들이 폭도로 돌변해 우물에 독을 풀고 방화약탈을 하며 일본인들을 습격하고 있다'는 헛소문이 각지에 나돌기 시작했다.

이러한 소문은 사실 여부를 떠나 일본인들에게 한국인에 대한 강렬한 적개심을 유발하였다. 이에 곳곳에서 민간인들이 자경단을 조직해 불시검문을 하면서 한국인으로 확인되면 가차 없이 죽였다. 조선식 복장을 한 이는 현장에서 바로 죽였고, 학살 사실을 알고 신분을 숨기기 위해 일본식 복장을 한 한국인들을 가려내기 위해서 한국인에게 어려운 일본어 발음인 '쥬고엔 고쥬센'(十五円 五十錢)을 시켜보아 발음이 이상하면 바로 죽였다.'(출처:위키백과)

일본인은 한국인을 원수 아니면 열등한 사람으로 보고 있음이 분명하다. 일본인이 한국인을 그들의 노예 내지 2등 국민이라며 무시하고 멸시하는 이유는 무엇일까? 그것은 일본인들이 어릴 때부터 언론이나 왜곡된 교과서 등으로 한국과 한국인을 얕잡아 보는, 음흉하고 교만에 가득 찬 교육을 받아왔기 때문이다. 지금처럼.

일본의 역사 왜곡을 살펴보면, 독도가 일본 땅이라는 주장 외에 '한반도에는 석기시대와 청동기시대 문화가 없다고 주장했었고, 고조선은 신화에 불과하며, 한반도 남부를 왜가 지배했다는 '임나일본부설'과 조선에 대해서 식민지 시절부터 사용했던 용어인 '이씨조선', '민비'라는 명칭을 사용하고, 한일합방에 대해서도 '조선을 일본의 보호국으로 삼고 조선의 근대화에 도움을 주었다'라는 취지로 기술하고 있다.

한마디로 한국인은 열등하여 역사적으로 일본인의 보호와 신세를 많이 졌다는 것이다.

일본이 역사를 왜곡하는 근거로는 〈고사기〉와 〈일본서기〉인데 이것은 그들이 백제와 가야를 왜와 도치하여 날조한 것이니 제외한다면, 일본 것이 아닌 것으로는 해괴한 해석 아니면 조작의 냄새가 강한 '광개토호태왕 능비의 래도해파'와 '칠지도의 명문' 등 불과 몇몇 뿐이다.

반면에, 역사적으로 일본이 한반도의 속국이었다는 증거는 차고 넘친다.

일본 땅 곳곳에서 지금껏 전해 내려오고 있는 땅, 강, 다리, 역 등의 백제와 고려라는 여러 명칭, 나라 현 아스카 촌에 있는 일본 최대급 규모의 횡혈식 고분으로 백제계 도래인 소가노우마코의 묘로 알려진 이시부다이 고분, 구마모토 현 다마나 시에 있는 전방후원형인 에다 후나야마 고분, 자연재해로 무너져 할 수 없이 발굴에 착수하자 무려 3천여 점이 넘는 한반도계 유물들이 쏟아진 후지노키 고분 등을 비롯하여 그 수를 셀 수 없는 고분들, 법륭사·광륭사와 그 유적들, 우연한 사고로 한국산 적송으로 만들어진 것으로 밝혀진 일본국보 제1호 미륵반가사유상, 한반도의 고대국과 관련된 여러 신사, 그리고 특히 일본어의 뿌리는 한국어임을 보여주는 농경, 생활, 예술, 지명 등에 관련한 어휘 수천여 개 등등 한국인이 쓴 역사서를 제외하고도 수천 가지의 증거가 있으나 오늘날까지 일본은 궤변을 계속하고 있다.

'일본'이라는 국호를 사용한 것이 8세기부터이니 그전까지 '왜'라고 불리던 그들이 4세기에 이미 '임나일본부'라는 말을 사용했다는 것은 참으로 '지나가는 소가 웃을 일'이다. 그런데도 음흉하고 뻔뻔한 일본 우익은 2010년 한·일 양국 역사학계에서 공식적으로 폐기하기로 합의한 '임나일본부설'을 그런 적 없다며 교과서에 다시 싣기 시작하였다.

오래전에 일본을 여행하다가 어느 숙소에서 한글로 써 붙인 '쓰레기를 버리지 마시오'를 본 적이 있다. 쓰레기를 함부로 버리는 한국인도 문제지만 일본인이 한국인을 보는 수준을 알게 하는 장면이었다.

일본은 어린 학생들의 교과서까지 엉터리로 만들어 한·일 관계사를 왜곡되게 가르친 지 오래되었다. 그렇게 배웠으니 한국을 보는 시각도 왜곡되어 있는 것이다.

생각하면 억장이 무너진다. 한국과 한국인에 대한 폄훼가 이 지경임에도 일본인이 우리를 어떻게 보는지 그들의 시선을 의식하지 못하는 것은 우리의 어리석음 때문이고, 그에 대한 교육을 제대로 받지 못한 것 또한 일본이 아닌 우리 탓이다. 마찬가지로 친일, 배반의 역사를 청산하지 못하면 우리는 일본인에게 늘 멸시를 당할 것이고, 역사를 바로 세우지 못하면 우리 의식도 바로 서지 못할 것이다.

우리는 부모세대의 고통과 눈물을 조금이라도 이해하고 미래를 잘 준비하려면 먼저 일본과 일본인을 제대로 알아야겠다. 일본은 어떤 나라일까?

첫째, 일본은 전쟁의 나라이다. 근대 이후 아시아 여러 나라 중에서도 특히 우리 한국과 한국인에게 침략과 약탈로 가장 큰 피해를 입힌 나라이다. 2차 세계대전 후 전범 처리에 있어 독일과 일본은 서로 달랐다. 당시 소련을 의식하던 미국의 형식적인 전범 처리로 대부분 일본 전범들은 정치와 경제, 군사 등 핵심요직에 그대로 머물 수 있었다. 일본은 군국주의에 대한 철저한 반성과 청산이 없는 상태에서 한국전쟁과 베트남전쟁의 전쟁 특수로 경제부흥에 성공하며 선진국 대열에 들어섰다.

오늘날 세계적인 경제대국이 된 일본은 그들의 침략전쟁으로 피해를 본 나라에 대하여 진정성 있는 반성과 사과를 하는 대신 서구 제국주의로부터 아시아를 해방시키기 위해 전쟁을 하였다며 오히려 일본에 감사하라는 궤변을 늘어놓고 있다.

둘째, 일본의 전범기업은 조선인 강제노동이라는 범죄의 상징이다. 전쟁으로 국가총동원법이 공포되자 정치군인들과 유착한 일본 재벌들은 거의 공짜나 다름없이 강제 동원된 조선인을 제물로 삼아 막대한 부를 쌓았다. 그렇지만 지금까지도 일본 전범기업들은 강제노동 피해자들에게 어떠한 사과나 보상도 하지 않고 있다. 오늘날 일본의 권력과 자본은 전범의 후손들이 장악하고 있다.

셋째, 일본은 서구의 민주주의 국가와는 달리 민중이 정권을 교체한 역사가 없는 나라이다. 일본의 민주주의는 민중이 쟁취한 것이 아니라 점령군으로 진주한 미군에 의해 주어진 것이다. 오늘날 일본의 권력은 어쩌다 선거라는 형식은 빌리고는 있으나 부모 등으로부터 지역구를 물려받아 출마한 뒤 당선되는 국회의원직 세습이 보편화되어 있다.

이런 풍토 아래 일본은 자민당이라는 특정 정당이 계속 정권을 장악하고 있으니, 전쟁을 즐기던 군국주의자의 후손들이 권력을 쥐고 있는 것이다. 그들은 민주주의 국가의 시민이 아니라 일왕의 신민이라는 의식을 가진 존재들이다. 이런 일본을 두고 민주주의적 가치를 존중하는 나라라고 할 수 있을까?

2017년 10월 치러진 중의원 투표에서 일본 아베의 자민당이 전후 최고의 성적으로 압승을 했다. 아베 총리는 자위대가 아니라 전쟁을 할 수 있는 군대를 보유하기 위해서 헌법 개정이 필요하다고 이미 공언한 상태이다.

관동대지진 학살사건은 피해자가 적게는 6천에서 많게는 2만여 명으로 추정되는 한국인 집단학살사건이다.

그때 아무 죄도 없이 그저 한국인이라는 이유만으로 살해당한 한국인의 억울함을 상징하고 일본인의 잔인함을 증명하는 말이 '쥬고엔 고쥬센(十五円 五十錢)'이다. 한국인이라면 절대 잊지 말아야 할 일본말이다.

4. 각성이 지체

'대동아전쟁'은 군국주의 일본제국에서 사용한 전시 용어로 일제가 항복한 후 연합군 최고사령부에 의해 사용이 금지되면서 '태평양전쟁'이라고 불렀다. 현재는 중국 및 아시아 여러 나라까지 휩쓸린 전쟁을 '태평양전쟁'이라는 것도 부적절하다 하여 '아시아태평양전쟁'이라고 한다.

오늘날 '대동아전쟁'은 일본의 극우세력이나 사용하는 용어이다. 그런데도 한국에서는 이른바 보수라는 일부 정치꾼과 논객들이 지금도 이 용어를 스스럼없이 사용하고 있으니, 이것은 일제의 침략으로 말할 수 없는 고통을 받았던 우리의 격을 스스로 떨어뜨리는 것으로 나라의 수치라고 하겠다.

일제는 아시아태평양전쟁뿐 아니라 한반도 식민 지배와 남·북 분단, 그리고 한국전쟁에 이르기까지 우리나라와 민족의 수난과 비극에 아주 지대하게 관련되어 있다.

1945년 8월 15일 일본제국의 무조건 항복으로 아시아태평양전쟁이 끝날 때까지 일제의 지배 아래 신음하던 한국인은 일본군 성 노예, 강제 노역과 징병으로 전쟁터에 끌려나가 이름도 모르는 곳에서 땅에 제대로 묻히지도 못한 채 죽어갔다.

　한국인은 내선일체, 신사참배, 팔굉일우, 대동아공영권, 황국사관, 신주불멸 등 일제의 해괴한 짓거리 속에 한국인은 일본이 저지른 전쟁의 소모품 신세였다. 일제의 식민지 노예가 된 한국인은 말과 글도 잃고 일본식 성명 강요까지 당했다.

　한국인은 아무 잘못도 없는데 그저 재수가 나빠서 나라가 망하여 노예가 되었으며, 일본인은 우연히 재수가 좋아 한국을 식민 지배하게 되었을까? 그렇지 않다면 우리는 자신은 물론 후손을 위해서라도 기회가 있을 때마다 역사가 주는 교훈을, 그리고 내버렸던 민족혼을 다시 찾고 일깨워야 할 것이다.

　일본군에 의해 성 노예로 끌려갔던 조선 처녀 수십만 명 중에서 극소수가 살아서 돌아왔다. 천행이었다. 그러나 그녀들의 존재에 대해서 아무도 관심을 두지 않았다. 그러다가 1991년 8월 14일 일본군 성 노예 피해자 고 김학순 할머니가 기자회견을 통해 최초로 성 노예 피해 사실을 공개 증언한 이후 용기를 내어 정부에 등록된 피해 할머니는 276명이었다. 일본군 성 노예 피해 할머니들은 병상에 누운 채 시간과 싸우며 여전히 일본의 사과를 기다리고 있다.

하지만 전쟁을 미국의 탓으로 돌리며 또다시 군비를 확장하고 있는 일본이, 짐승보다 못하고 잔인하기만 그 일본이 이 일에 대해서 사과를 할까? 고령으로 많은 분이 돌아가시면서 2017년 12월 생존하신 분은 32명으로 알려져 있다.

일본군 성 노예 문제는 결코 한국만의 문제가 아니다. 그러나 일본 우익은 약 이십만 명의 조선 여성을 일본군의 성노예로 끌고 간 범죄행위를 인류의 문제이고 여성의 문제로 보기를 거부한다. 그러면서 소녀상에는 계속 시비를 걸고 있으니 일본인은 여성을 사람으로 보지 않는 괴물이거나 한국과 한국인을 무시하고 얕잡아보는 것이다.

2017년 1월 필리핀에서 열렸던 미스 유니버스 대회에서 일본인 심사위원이 한국 대표에게 "위안부를 어떻게 생각하느냐?"고 질문하였다. 왜 당황했는지 한국 대표는 당황했다며 그저 "잘 해결되길 바란다."고 마치 피해 당사국이 아닌 제3국의 사람인 듯 모호한 대답을 했다. 그때 한국 대표는 사람으로서, 그리고 한 여성으로서 짐승보다 못한 일본인의 만행을 지적하고 반성을 촉구할 수 있는 절호의 기회를 놓친 것이다. 아쉽게도 한국 대표는 역사에 대한 공부가 부족하고 의식 또한 박약하여 역사적 사건에 대한 문제의식과 현실 인식에 부족함을 드러내고 말았다.

부끄러운 일이 또 있다. 일본군 성 노예 문제를 과거사이니 내려놓고 가야한다며 피해자 할머니들의 의견은 전혀 묻지도 않은 채 몇 푼의 돈으로 합의한 박근혜 정권은 나라와 민족의 장래를 위한 철학의 빈곤을 드러내고 말았다. 일본이 한국을 깔볼 빌미를 우리 스스로 하나 더 만든 것이다.

일제강점기 그때 어느 친일 주구가 조선인 사회를 이렇게 비판했다.

> 개인과 사회의 발전을 가로막는 가족주의, 사회에 만연되어 있는 허위와 관료주의, 그리고 개인의 각성이 지체된 상항 등이 어우러져 총체적으로 조선인 사회의 부패와 타락상을 만들어내고 있다. (근대를 다시 읽는다 1권, 윤해동 외, 역사비평사, 227쪽)

그가 '개인의 각성이 지체'라고 한 것은 조선이 일본의 종살이를 하는 게 당연하다는 의미였다. 우리에게 무슨 몹쓸 병이 있기에 친일 주구로부터 이런 모욕을 받아야 한다는 말인가?

사드 배치에 대한 중국의 경제적 보복이 계속되고 있는 가운데 이마트와 롯데마트가 중국에서 철수하기로 했고, 현대자동차는 자동차가 팔리지 않아 가동을 중단했다가 재가동을 했다. 중국 관광객들이 일제히 한국에 발길을 끊은 것도 한국인이라면 다 아는 사실이다.

그런데도 2017년 8월 8일 쓰찬성에 규모 7.0의 강진이 났을 때 99명의 한국관광객이 쓰찬성을 관광 중이었다고 한다. 쓰찬성 한곳에만 99명이었으니 중국의 다른 곳을 관광중인 한국인은 더 많았을 것이다.

우리 민족이 크게 되지 못하고 한쪽 구석의 조그마한 한반도, 그것조차도 남·북으로 갈라져 중국과 일본의 손가락질을 받으며 비참하게 웅크린 채 이제는 동·서로까지 나누어져 싸우는 못난 꼴을 보이는 것은 오랜 세월동안 망각되고 굴절되어 이제는 멍에가 된, 치유되지 못한 병이 있기 때문이다.

효자 열녀는 많았으나 극소수의 매국노에 망국의 치욕을 당한 것은 우리의 시야가 자기 가족, 조금 넓다면 겨우 문중 아니면 지연·학연을 한계로 할 뿐 나라를 보지 못하니 이것이 우리의 병이다.

늘 외세에 빌붙어 한때의 편안만 찾는 사대주의와 실력보다 특정대학의 '간판'이 우선하는 학벌주의, 그리고 암기식 공부에 매달린 학생들은 권력과 돈을 최고로 알아 시험성적이 조금 우수하면 과학자 기술자가 아니라 판·검사와 의사를 우선 지망하고, 관료를 존대하고 백성을 낮춰보는 관존민비 의식에다 전근대적인 서열의식과 과도한 권위주의 의식까지, 이것이 우리의 병이다.

또 아무리 보아도 우리 것이 아닌데 명품가방이라면 환장한 사람처럼 짝퉁이라도 들고 다녀야 하고, 미국인은 미국말을 하고 한국인은 한국말을 하는 것이 당연한데도 미국인 앞에서 영어 못하는 것을 부끄러워하며 자기를 비하하는 우리는 해외로 나가면 2세, 3세로 내려갈수록 조국과 민족과 고유한 문화를 잊고 모국어까지 잃어버리니, 이것이 우리의 병이다.

오늘날 일본은 과거사에 대한 반성은커녕 왜곡되고 조작된 역사교과서로 그들의 어린 학생들에게 침략전쟁이 정당했다고 가르치는 한편 명성황후의 시해, 의병과 광복군의 고문과 참살, 광복운동 억압 및 조선인의 민족혼 말살, 독도 문제 등 온갖 범죄행위를 은폐하거나 미화하고 있다. 우리는 이런 일본으로부터 진정성 있는 사과나 반성을 기대할 수 없다.

일본이 한국과 중국의 항의와 비난에도 불구하고 역사 왜곡에 집착하는 이유는 무엇일까?

그것은 일본의 군국주의자 및 그 추종세력이 그들의 국민에게 잘못된 자긍심을 고취시키고 복종을 강요하며 전쟁터로 내몰았던 '팔굉일우'와 '대동아공영권'이라는 망상을 아직도 버리지 못했기 때문이다. 즉, 일본은 100년 전과 마찬가지로 그들의 국민에게 민주국가의 국민이 아니라 일왕의 신민이라는 의식을 주입시키고 있는 것이다.

이제 일본은 교전권을 인정하지 않는 이른바 평화헌법을 개정하여 전쟁을 수행할 수 있는 '군사 대국'의 야심을 본격적으로 드러내고 있다. 중국이 정치와 경제에서 세계 2대 강국으로 등장하자 미국은 중국을 견제하기 위해 이이제이로 일본의 군사 대국화를 지원하기 시작한 것이다.

어쩌다 해방은 되었으나 우리의 좁은 시야와 굴절된 의식은 그대로이다. 그런데도 이 사실을 부끄러워하거나 개선을 위해서 노력하는 모습은 보기 어렵다. 어찌 땅을 지배당한 것보다 우리의 정신을 병들게 한 식민사관의 해악이 몇 배 더 심하다고 하지 않겠는가.

5. 대한조국주권수호일념비

　우리가 기억해야 할 광복운동가들이 참 많지만 그중에서도 전 재산을 다 털어 신흥무관학교를 설립하여 광복군을 양성한 우당 이회영 선생, '조선혁명선언'을 발표한 단재 신채호 선생, 그리고 대한민국임시정부 주석 백범 김구 선생을 먼저 머릿속에 떠올린다.

　이회영 선생은 일제에 체포되자마자 정식재판은커녕 경찰서 지하실에서 몽둥이에 맞아 돌아가셨고, 신채호 선생은 온갖 악형을 받은 끝에 일제의 여순 감옥에서 돌아가셨다.

　이처럼 일제는 한국인 광복운동가를 잡으면 상황에 따라 재판 전에 고문으로 죽이거나, 형식적인 재판을 거친 후 감옥에서 죽였다. 일본제국은 한국의 광복운동가를 죽이거나 체포하기 위해서 현상금을 내걸었었는데 김구 선생에게 60만 원, 이승만 박사에게 30만 불이었다. 그러나 광복운동가들 중 역대 최고의 현상금이 걸렸던 인물은 온건한 광복운동에서 벗어나 폭력투쟁을 목적으로 항일비밀결사인 의열단을 조직하고 활동한 약산 김원봉 선생으로 그의 현상금은 100만 원이었다.

의열단원 김상옥 의사의 동상이 서울 대학로 마로니에 공원에 있다. 어느 날 대학로 마로니에 공원에서 혜화동성당 쪽으로 길을 걷다가 우연히 인도 옆에 세워진 '대한조국주권수호일념비'를 보았다. '일념'이란 한 가지만을 생각하는 한결같은 마음을 말한다. 비문에는 이렇게 쓰여 있다.

> 이 자리에 세워진 일념비는 비에 새겨진 내용과 같이 일제가 2차 대전 말기(1943년~1945년) 우리 대한의 정예 4,300여 명의 전국 대학생들에게 소위 학도특별지원병이라는 터무니없는 허울을 씌워서 일군에 강제로 입대시켜 무참하게 각 전선에 내몰려고 함에 한 목숨을 내걸고, 이를 거부하고 자신과 민족을 위하여 항쟁, 탈주, 체포, 징역, 사형, 부상, 실종, 전사 등 온갖 희생을 몸으로 겪으면서 싸웠던 피의 투쟁 흔적들을 2,700명(생사 불문)의 이름과 함께 새겨서 이 겨레 후손들에게 다시는 이러한 치욕의 과거사가 되풀이 되어서는 안 되겠다는 준엄한 경고의 상징으로 바로 여기 당시 입대 전 한때 합숙 훈련장이었던 추억의 자리 동성고교 구내 양지바른 언덕에 민족의 역사와 함께 영원히 자리하게 하는 것이다.

이 비는 1·20동지회 회원들이 1998년 8월 21일 '불행한 역사도 기록해야 한다'는 생각에서 일본군에 징집된 뒤 군사훈련을 받았던 장소에 일념비를 세운 것이라고 한다. 1·20동지회는 아시아태평양 전쟁 막바지인 1944년 1월 20일 한국과 일본, 만주 지역에서 대학을 다니다가 일본군에 강제 징집된 한국인 청년 4,385명 가운데 생존자 1,300여명이 1963년 결성한 단체이다.

당시 2천만 명을 넘는 한국인 중에 대학생은 약 7천여 명에 불과하였다. 회원들은 1998년 8월 21일 '민족의 주권과 국토의 통일과 독립이 얼마나 소중한 것인가'를 직접 호소하는 일념으로 높이 3m 폭 1m의 '일념비'를 세웠다. 4,300여 명의 조선학도병 중 300여명이 전사한 것으로 알려져 있고 그 밖에 이북으로 귀향한 자, 탈주 등으로 행방불명된 자 등을 제외한 2,700명의 명단이 1998년 현재 확인돼 이 일념비에 이름이 새겨져 있다.

식민지 노예로 겪어야했던 치욕을 어찌 말로 다 표현할 수 있을까. 대한제국이 국권을 상실한 후 한국인이 일본의 식민지 노예로 치른 대가는 참혹했다. 우리 민족이 일본제국의 식민지 노예로 40년 가까이 살았고 우리 힘으로 국권을 회복하지 못했다는 사실은 치욕 중의 치욕이 아닐 수 없다.

그렇지만 일제 식민지 노예살이가 부끄럽다고 마냥 움츠리고 있을 수만도 없지 않은가. 시련이 클수록 자기 자신에 대한 성찰은 깊어질 수 있다고 하였으니 우리는 진정 진솔한 자세로 자신에게 물어보아야 한다. 우리의 삶과 가치관의 어느 부분이 잘못되었기에 노예로 전락하게 되었는지….

우리에게 족보가 무엇이고 4대조 제사란 과연 무엇인가? 겉치레라면 당장 집어치워야 마땅하리라. 그런데 오늘날에도 족보와 4대조 제사를 고집하는 사람들이 많다. 말하자면, 자기는 양반사대부 집안의 후손이라는 것이다. 그러나 사실 조선 초기 양반계층은 전 인구의 4%, 조선 후기에 들어선 숙종 때 겨우 7%로 늘었었다. 국민 일부의 전유물이었던 족보와 제사는 신분제 철폐로 인해 전 국민에게로 번지게 되었다. 아마도 양반들만이 조상을 섬기는 것에 한이 맺힌 평민들이 너도나도 제사를 지내고 족보를 만들게 되었을 것이다.

그러나 유교의 종주국인 중국에서도 없어진 제사가 현대에까지 남아 있는 것은 허례허식이다. 4대조 제사를 고집하고 1년에 12번 이상 제사를 지내는 집안도 있다고 하니 누구를 위한 제사인지….

조선의 양반사대부는 병역의무에 앞장 선 것이 아니라 병역 면제받고 백성을 착취하는 데 골몰하였으며, 결국 나라가 망했으나 대부분의 벼슬아치들은 일본의 앞잡이로 그 자리에 그대로 있었다. 그러고도 그 후손들은 조상 벼슬 자랑이라니….

일제의 식민지 근대화를 예찬하는 어느 단체는 일제 강점이 조선에 축복이었다고 하며, 또 '김구 선생은 대한민국 건국과 관련 없다'며 종편TV 앞에서 일반 국민을 상대로 망발을 하고 있는 작금이다.

60만 대군이라지만 전시작전권이 없고 그 환수도 거부하는 작태를 어떻게 이해해야 할까? 그들이 진정 나라를 사랑하고 이 땅에 사는 사람들의 생명을 소중히 여기고 있다면 자신과 그 자식들의 병역면제와 이중국적은 도대체 무엇이란 말인가? 또 외제 자동차·가방·화장품 등 소위 명품에 환장하는 것, 경치가 좋거나 휴식에 좋은 곳이면 어김없이 쓰레기로 넘쳐나는 현상 등 이 모든 것이 노예의 근성 아니라면 다른 무엇으로 설명할 수 있을까?

국민의 혈세로 너무 많은 특권을 누리는 정상배들, 그리고 선거철만 되면 나타나는 지역감정에 몰표 현상, 그래도 사람들은 여전히 그 심각성을 깨닫지 못한다.

리로이 존스는 "노예가 노예의 삶에 익숙해지면 자신의 다리를 묶고 있는 쇠사슬이 다른 노예의 쇠사슬보다 더 좋은 것이라며 자랑한다."고 하였다.

'대한조국주권수호일념비', 이 비는 1998년에 세워졌다. 해방이 되자마자 일제의 식민지노예 신세에 치를 떨면서 다시는 노예가 되지 말자며 세운 것이 아니라 아쉽게도 해방 후 53년이 지난 시점에 세웠다. 왜 그랬을까?

분명 1·20동지회는 일본군 출신들이 권력을 쥐고 있는 마당에 학도병 출신이 이런 비를 세우면 일어날지도 모를 마찰을 걱정했으리라.

경찰도 마찬가지였다. 광복군을 잡으러 다니던 일본경찰 앞잡이가 해방 후에도 버젓이 경찰 노릇하였음은 모두가 아는 사실이다.

남조선국방경비대는 대한민국 국군의 전신으로서 1946년 1월 15일에 미군정이 1개 연대 병력으로 창설하였다. 아쉽게도 대한민국은 일제와 싸운 대한민국상해임시정부가 정권을 인수 받지 못했고, 국방경비대는 조국 광복을 위해서 싸운 광복군이 아니라 일본군 출신이 중심이었다. 육군 참모총장은 1대부터 1979년 21대까지 모두 일본군 장교 출신이었다.

해방이 되고 새 정부가 출범하기도 전에 미국이 일본군 출신을 중심으로 북한을 제외하고 남한만의 국방경비대를 따로 창설한 것은 무엇 때문일까?

신탁통치를 두고 미국은 '반탁', 소련은 '찬탁'이었다고 그렇게 한반도는 갈라졌다고 아는 사람들이 많다. 사실일까? 그때 소련이 '반탁'이었다면, 미국도 반탁이었으니 한반도는 분단을 면할 수 있었을까?

미국과 소련은 대한민국임시정부와 그 요인들, 그리고 광복군을 인정하지 않았다. 미국과 소련은 왜 그랬을까? 우리가 조금이라도 제정신이 있고 배알이 있는 사람이라면 나라와 민족의 운명을 참혹하게 만든 그 분단의 원인에 무심할 수 없으리라.

식민지 시대에 대한 향수인지 일본인들이 저지른 죄악에 대한 참회의 마음인지 알 수 없으나, 대한제국을 병탄한 지 100년이 되는 2010년을 맞아 아키히토 일왕이 "언젠가 우리(일왕과 왕비)가 한국을 방문할 수 있다면 좋겠다."며, "한국과 일본 양국의 우호를 위해서라면 한국에서 사죄하는 것도 주저하지 않겠다."고 하였다.

일왕이 무슨 마음으로 한국을 방문하고 싶어 하는지, 어느 수준의 사죄를 하고 싶다는 것인지는 참으로 궁금하다.

한국과 일본의 미래를 위해서, 일왕이 한국을 방문하려면 먼저 일본이 과거사를 진정으로 사죄한 후 한국과 화해하는 절차를 밟아야 한다.

그 화해의 첫 단계는 역사 왜곡, 독도 문제 등 과거사에 대한 회개와 청산이 있어야 하고 그와 함께 강탈한 문화재 반환도 이루어져야 한다. 일왕의 방한이 옛 식민지를 순방하는 행사가 되어서는 안 되기 때문이다. 그리고 한국 땅에 발을 딛자마자 베옷을 입은 일왕이 땅에 무릎 꿇고 입 맞추며 이렇게 말해야 한다.

"일본인의 선조는 한국인입니다. 그리고 일왕가의 조상 또한 한국인입니다. 한반도는 일본인에게 은혜의 땅이었습니다. 옛날 저희 일본인은 한국에 몸 붙여 살았으며 한국인 덕분에 문명의 혜택을 받아 사람이 될 수 있었습니다.

그런데 배은망덕하게도 100여 년 전 일본과 일본인은 무력을 앞세워 한국의 주권과 영토를 강제로 빼앗았습니다. 그 불법적이고 흉악한 무단통치의 거짓된 정당성을 주장하기 위해서 일본은 역사를 조작 왜곡하여 아득한 옛날부터 한국인은 노예였다며 일본 국민을 거짓된 역사로 교육하여 왔고, 이에 항의하는 한국의 많은 광복운동가를 죽였습니다.

그렇게 일본은 한국에 반인륜적 범죄를 수없이 저질렀으나 오늘에 이르기까지 이를 인정하지 않고 제대로 된 사과와 반성도 없었습니다."

일왕의 이런 공개적인 성명은 그동안 일본이 자국민을 속여 왔다는 사실을 털어놓는 것이고, 일본은 은혜를 원수로 갚은 나라였다는 속죄의 고백도 될 것이다.

과연 일왕은 이 수준의 사죄를 할 수 있을까? 그럴 가능성은 없다고 본다. 무엇보다도 역사 왜곡과 과거사를 일본이 사죄한다고 해서 특별하게 상황이 달라지지도 않을 것이다. 그리고 한국이 이중삼중 인격의 일본인을 믿는다는 것은 그 자체가 어리석은 실수이고 오산이 될 것이다.

그렇지만 일본이 진정으로 사죄한다면 두 나라의 미래를 위해서 우리가 용서를 해야 옳을 것이다. 그러나 우리는 일본을 용서하더라도 그 질곡의 역사를 잊지 말아야 한다. 어둠의 역사, 수난의 역사를 잊어버린다면 우리에게 미래는 없기 때문이다. 그리고 이 모든 것에 앞서 우리는 인간적으로나 국가적으로 먼저 성숙해져야 한다. 우리가 그들보다 성숙하지 못하면 아무리 일본이 사죄한들 제대로 받아들이지 못할 것이고, 그런 못난 한국에 일본이 사죄할 리도 만무할 것이다.

해방 후 이 비가 세워지기까지 53년 세월은, 해방이 되었으나 친일 매국노를 청산하지 못한 시간이고, 대한민국임시정부 주석 백범 김구 선생을 암살한 안두희가 승승장구한 후 편안히 여생을 즐긴 시간이고, 매국노 친일 주구 악당들이 강시 같은 우리와 더불어 살았던 시간이다.

일제의 식민지배와 한국전쟁을 겪으며 개똥밭에 뒹굴어도 저승보다 이승이 낫다며 우리는 어떻게 살아남느냐를 고민할 때 일본인은 그렇지 않았음을 똑똑히 알아야겠다.

이렇게 우리의 삶에 비추어보니, 이 비는 나라의 근본이라는 국민의 의식을 바르게 하지 못한 우리의 서글픈 한계가 무엇인지를 잘 보여주고 있다.

6. 잊고 있는 것

세 살배기 난민 '쿠르디'의 죽음 이후 두 살배기가 또 바다에 빠져 죽었다.

보도에 따르면 바람이 심하게 부는 2016년 1월 2일 이른 아침 터키에서 출발한 물놀이용 고무보트는 그리스 아가토니시 섬 부근에서 바위에 부딪쳐 전복됐는데 이때 두 살배기 난민 아이가 익사했고, 아이의 시신은 현지 어부들이 건져 올렸다고 한다.

지난해 유럽 대륙에 발을 들인 시리아, 아프가니스탄, 이라크 출신 이주민과 난민은 100만 명 수준인데 탈출과정에서 희생된 연약한 어린이 수는 정확히 모르는 모양이다.

제 목숨 건지기 바쁜 마당에 이 바다 저 산속에서 희생된 어린이 수를 누가 알 수 있을까?

시리아 난민은 자발적으로 살 곳을 찾아 고향을 떠난 사람들임에 반해 일제 강점기 때 한국인은 식민지 조국을 떠나 간신히 터전을 잡고 살던 곳에서 강제로, 그것도 엄동설한에 낯선 땅으로 멀리 이송당한 쓰라린 역사가 있다.

1919년 3월 1일 평화적인 광복 만세운동이 무력으로 진압당하자 애국지사들은 투쟁방법을 달리하여 무장투쟁에 나서기로 했다.

국내에서 더는 광복 운동을 할 수 없으니 간도와 연해주가 새로운 광복 운동 기지로 떠올랐다. 간도는 두만강 북쪽을 북간도, 압록강 북쪽을 서간도라고 불렀는데 일찍부터 조선인들이 강을 건너가서 개척한 땅이었다.

우당 이회영 선생의 6형제가 1911년에 세운 서간도의 신흥무관학교를 중심으로 광복군이 양성되었다. 1920년 6월 봉오동전투와 10월의 청산리전투에서 패배한 일본군은 광복군의 활동근거지를 아예 말살하기로 한다. 일제는 만주의 관동군과 조선에 주둔하고 있던 일본군까지 합류시킨 대규모 정규군을 간도로 출동시켰다. 하지만 미리 정보를 입수한 광복군은 안전지대로 이동해버렸다.

광복군을 모두 없애려는 그들의 작전에 차질이 생기자 일본군은 1920년 10월부터 1921년 5월까지 간도지역의 한국인을 대상으로 이른바 '간도 대학살'을 자행했다.

더 이상 만주에서 활동하기가 어려워진 광복군 부대들은 러시아령 자유시로 이동했다. 점점 병력이 불어나는 일본군에 효과적으로 대응하기 위해서는 무엇보다도 소규모로 나누어져 있는 광복군 부대의 지휘체계 일원화가 시급했으므로 광복군 전 부대가 모이기로 한 것이다. 광복군 지휘관들은 서로 양보하여 지휘체계를 단일화하는 동시에 일본과 대립관계인 소련의 지원도 내심 기대했다.

자유시에서 광복군은 소련군 한국인 부대장을 통해서 군사훈련과 약간의 무기지원을 받게 되었다. 그러자 일제는 강력한 외교 공세를 벌여 소련 정부에 광복군의 무장해제를 요구했다. 강국으로 떠오른 일본제국과 충돌을 피하기로 한 소련은 일본의 요구에 따라 1921년 6월 자유시에 주둔하고 있던 광복군에게 무장해제 명령을 내렸다.

조국 광복을 위해서 목숨을 바쳐 싸우기로 한 광복군들이 이에 반발하자 소련군은 장갑차까지 동원하여 '자유시 참변'을 일으켰다. '자유시 참변'으로 만주의 광복군이 거의 와해 지경에 이르면서 소규모로 분산되어 있던 광복군을 통합, 단일조직으로 재편성하여 일본군과 싸우려던 계획이 무산되었다.

그 후 일본과 소련의 불가침협정 소식과 함께 연해주의 한국인들을 강제로 이주시킬 것이라는 소문이 나돌기 시작했다. 만주보다 유럽의 정세 변화에 촉각을 세우고 병력을 집중시키던 스탈린은 한국인들의 무장 항쟁 때문에 불가침협정이 깨어지는 것을 바라지 않았다. 마침내 1937년 9월부터 10월말까지 소련은 연해주에서 항일운동을 하며 살던 한국인들을 강제로 이주시켰다.

거의 17여만 명에 이르는 한국인들이 아무 시설도 없고 창문은 하나뿐인 열차 화물칸에 40명씩 그냥 태워져 카자흐 공화국, 우즈베크 공화국 등으로 강제 이송되었다. 열차에서 사람들은 굶기가 예사였고 대소변도 제대로 해결 못 했으며, 사람이 죽으면 언 땅을 파지 못해 그냥 눈으로 봉분을 만들었다고 하니 그 처참함을 어떤 말로 표현할 수 있을까. 그 과정에서 얼마나 많은 어린이가 목숨을 잃었는지 모른다. 그 인간 이하의 생존조건에서 연약한 대부분의 한국인 어린이는 먼 이국땅에서 제대로 묻히지도 못한 채 버려졌다.

소련은 한국인들을 소규모로 여러 곳에 분산 배치했다. 사실 배치라기보다는 살거나 죽거나 알 바 없다며 버려졌다는 것이 진실에 가까울 것이다. 동포들은 눈바람이 몰아치는 낯선 기차역에서 친지들과 이별 아닌 이별을 하였다. 혹한 속의 화물열차 칸에서 간신히 살아 도착한 사람들은 최소한의 숙소조차 없어 짐승과 다름없이 땅굴을 파고 그 극한의 추위를 견뎌야했다. 살인적인 추위와 황량한 벌판의 열악한 환경과 변변치 못한 물과 음식으로 겨울을 넘기지 못한 동포 4만여 명이 또 죽었다.

노예로 살기 싫어서 조국을 떠나 먼 이국땅에서 눈도 제대로 감지 못한 채 얼어 죽고 굶어 죽고 병들었으나 치료 한번 받지 못하고 죽은 사람의 수를 누가 정확히 알겠는가? 그때 한국인들은 하나같이 하늘을 우러러보며 우리들은 왜 이렇게 고통받고 피눈물 속에 살아야 하느냐고 울부짖었을 것이다.

일제의 패망으로 해방되었으나 조국으로 돌아오지 못한 한국인은 중앙아시아로 강제 이주된 동포들뿐만 아니다. 전쟁 막바지에 강제 노역으로 태평양 여러 섬에 끌려간 한국인 대부분도 돌아오지 못했다. '옥쇄작전'을 감행하였던 일본군은 강제노역에 동원된 한국인을 살려서 돌려보낼 마음도 여유도 없었다. 태평양 여러 섬에 강제노역으로 끌려가서 일본군 속에서 한 맺힌 삶을 마감한 한국인의 수를 누가 알까?

태평양 팔라우 섬에 '아이고' 다리가 있다. 1940년대 초 이곳에 끌려온 한국인들이 혹독한 노동과 인간 이하의 처우에 지친 나머지 저녁마다 "아이고, 아이고" 하면서 끙끙 앓는 소리를 내자, 그 소리를 듣던 원주민들이 다리 이름으로 붙였다고 한다.

오늘날 관광차 왔다는 한국인이 이 다리 앞에서 숙연한 자세로 기도드리거나 일제의 만행에 치를 떨기는커녕 선글라스에 외제 사진기를 둘러멘 채 시시덕거리는 것은 노예가 자기 발목의 쇠사슬이 더 반짝거린다고 자랑하는 꼴이니 참으로 서글픈 일이다.

강제노역하면 사할린 동포들도 있다. 일본은 한국인을 강제로 사할린에 보내 채탄 작업, 비행장과 도로 건설 등으로 혹사시켰다. 한국인들은 오직 집으로 돌아갈 날만 기다리며 모든 고역을 감내하였다. 그러나 1945년 8월 15일 일제가 패망하면서 사할린에 상주하던 일본인들은 일본으로 돌아갔으나 한국인들은 조국으로 돌아갈 수 없었다. 일제로부터 해방되면서 일본 국적도 아니고, 어느 독립국의 국민도 아니라는 해괴한 이유로 무국적자가 된 한국인은 소련 사할린을 떠날 수 없었다.

그들은 일제에 의해 끌려와서 착취당한 끝에 버려진 사람들이었다. 먼저 악랄한 일본이 버렸고, 그런 한국인의 처지를 이용한 소련의 부작위가 있었고, 재외 동포들의 미귀국에 무관심한 정부와 관료가 있었다.

조선은 통치의 기본인 식(食)과 병(兵)에 실패한 나라였다. 조선의 지배층은 실용을 외면한 채 자신들도 제대로 이해 못하는 유교 경전과 제사라는 구렁텅이로 백성을 몰아넣었다.

매관매직으로 권력을 사유화한 그들에게 나라와 백성에 대한 책무 의식이 있을 리 만무했다. 왕족과 사대부 그들은 일본인에게 왕후가 능욕을 당하고 칼에 비참하게 죽임을 당해도 오로지 자기 일신만을 보전하기 위해서 전전긍긍했다. 그들은 호의호식하면서 백성은 헐벗고 굶주리며 우매한 상태에 내버려두었으니 나라의 운명은 정해진 것이었다. 망국의 설움, 조상대대로 살던 땅에서 쫓겨난 백성들의 피눈물 나는 그 고초를 어떤 말로 표현할 수 있을까.

조선은 백성을 우민화하여 단지 수탈과 착취의 대상인 노예와 다름없이 취급하면서 외세에만 의존하려고 하였을 뿐 마지막 불꽃을 장렬하게 태우지 못했으니 참으로 부끄럽고 비참한 망국이었다.

이 비극의 원인은 무엇일까? 그것은 사대주의로 사람들의 정신이 병들었기 때문이다. 조선은 작은 나라이니 크고 강한 중국을 섬기고 그에 의지하겠다는 사대주의는 조선인에게 주체성과 자주성을 빼앗고 정신적 예속을 초래했다. 그렇게 수백 년 계속된 사대로 정신이 병든 조선의 말로는 비참한 망국이었고 사람들은 노예로의 전락이었다.

역사는 이렇게 무엇이 우리의 정신을 병들게 하였는지 그 정체를 가르쳐주고 있다.

영원한 적도, 영원한 친구도 없으며 오직 국익만이 존재할 뿐이라는 국제사회에서 우리는 미국뿐 아니라 중국과의 외교도 소홀히 할 수 없다.

우리는 외교 전략상 어쩔 수 없이 사대를 하더라도 사대주의에는 빠지지 말아야 한다. 그리고 사대가 계속되면 사람의 정신을 병들게 한다는 진리 또한 잊지 말아야 한다.

7. 부끄러운 것

'임을 위한 행진곡'은 80년대 군부 통치 때 민주주의를 염원했던 민중들의 노래였다. 지금 불러도 정말 가슴이 뜨거워지는 노래이다. '임을 위한 행진곡'을 두고 '제창'이냐 '합창'이냐 하며 시끄럽다. 2016년 5·18 민주화운동 기념일을 앞두고 '임을 위한 행진곡'을 공식 곡으로 '제창'할 수 있도록 3당 원내대표가 박근혜 대통령을 만나 건의했으나 '제창 불가'였다.

5·18 민주화운동 기념행사에서 부르는 '임을 위한 행진곡'이 '합창'은 되는데 '제창'은 안 된다는 것이다.

합창은 합창단이 부르는 노래를 참석자가 따라 부를 수 있고, 제창은 참석자 전원이 반주에 맞춰 노래를 부르는 것이다. 그러므로 합창이든 제창이든 행사 참석자가 큰 소리로 마음껏 노래를 부를 수 있으니 그렇게 시끄럽게 떠들 일이 아닌 것 같은데 정상배들에게는 좋은 '쇼 거리'인 모양이라고, 처음엔 그렇게 생각했다.

2016년 5·18 민주화운동 기념행사를 TV로 보았다. 행사는 전반적으로 초라했고 성의도 없어 보였다. 굳은 표정의 총리가 준비한 짤막한 글을 읽고 나자 곧 노래가 시작되었다.

합창단과 함께 행사장의 많은 사람들이 제창처럼 노래를 같이 불렀다. 그러나 굳은 표정의 총리는 입을 다문 채 노래를 부르지 않았다. 그의 얼굴을 보니 전혀 노래를 부를 마음이 없어보였다. 총리가 행사장에까지 와서 많은 사람들이 부르는 노래를 함께 부르지 않는 이유는 무엇일까?

합창은 합창단이 부르는 노래를 참석자가 함께 부를 수 있으니 제창과 다를 게 없다는 생각이 틀렸음을 확인하는 순간이었다. 그렇게 정부 주관 기념식이 지역감정을 일으키고 분열과 갈등을 조장하는 부끄러운 행사에 불과하고 말았다.

지금 국무총리의 권위주의에 찌든 구시대적 처신이 우리를 부끄럽게 하고 있다. 2016년 3월 20일 서울역 플랫폼 진입사건으로 그의 찌든 의식이 세상에 처음 알려졌다. 총리가 KTX에 탑승하러 서울역 플랫폼까지 관용차를 타고 들어가 사람들을 놀라게 한 것이다.

7월 20일에는 구로구 노인복지회관에서의 일이 알려졌다. 회관을 방문하는 총리가 엘리베이터를 이용하도록 복지관의 엘리베이터를 미리 잡아두면서 정작 무릎관절이 안 좋은 노인들은 계단 손잡이를 잡고 힘겹게 계단을 오르내려야했다고 한다.

또 11월 28일 충북 청주시 KTX 오송역 시내버스 정차장에서 의전 차량 4대가 총리를 기다렸다. 버스를 이용하는 승객들은 사전 연락도, 이유도 모른 채 갑자기 변경된 정차장을 찾아서 버스를 타야 했다.

그 외에도 박 대통령이 탄핵소추로 권한이 정지되자 총리는 '대통령 권한대행 국무총리'라고 명패를 새로 제작했다. 총리이기에 당연히 대통령 권한을 대행하는 것인데 그의 생각은 달랐다. 또 '국무총리'라는 글씨가 새겨진 시계에 '대통령권한대행'을 추가로 새겨 넣은 기념 시계도 내놓았다. 이렇게 그는 마치 대통령이 탄핵으로 직무가 정지되어 자신이 권한대행이 되기를 기다렸듯 한 행보를 보이고 있으니 의식있는 국민의 낯을 부끄럽게 했다.

우리나라는 국민개병주의원칙에 입각한 징병제를 채택하여 '대한민국 남자'는 모두 병역의무를 진다. 그런데 오늘날 총리와 일부 장관들을 보면, 사회정의와 질서에 반하는 방법으로 부를 축적한 것은 차치하고라도 전 남성 국민에게 병역의무가 있는 나라에서 무슨 이유에서인지 청년 때 군 복무를 하지 않은 인물이 막중한 자리를 차지하고서 안보가 위태롭다고 떠든다.

얼마 전까지 군 복무를 하지 않은 인물이 군 통수권자인 대통령이던 나라가 우리나라이다. 참으로 부끄러운 일이다.

5·18 광주민주화운동의 의미를 훼손하고자 북한군이 개입한 폭동이라고 주장하는 무리가 아직도 있다. 우리 국민의 높은 민주주의 이상과 가치를 부정하는 아주 천박한 무리가 음흉한 목적을 감춘 채 국론을 분열시키고 우리 민족을 폄훼하는 매국적 행위를 하고 있는 것이다. 나라를 일본제국에 팔아먹던 그때 어느 매국노가 '나는 매국노이다'라고 한 적이 있었던가?

5·18 그때, 주한 미군 사령관을 지낸 '위컴'이라는 인물이 "한국인은 들쥐와 같은 민족이어서 누가 지도자가 되든지 복종할 것이다."라고 하였다. 그는 1979년에 주한미군 사령관으로 부임한 후 12·12와 5·18 등 신군부가 정권을 찬탈하는 중요한 사건들을 목격한 사람이었다.

옳고 그름에 대한 비판의식이라곤 전혀 없고, 정의는 쓰레기통에 내버린 채 오직 권력과 양지만을 좇아 줄서기에 바쁜 인간군상을 보고 그 외국의 군인이 '한국 사람은 들쥐'라고 하였다. '한국인은 앞장선 쥐 한 마리를 떼 지어 따라가는 들쥐 무리와 같다'는 그의 말은 분명 모욕적이다. 그러나 달리 생각해보면 그의 말은 우리 민족의 못된 근성, 치부를 정확하게 지적한 것이기도 하다. 우리나라뿐 아니라 북한 인민들에 대한 일침이기도 하리라. 굶어 죽으면서도 체제에 대한 반기를 들지 못하는 그들의 현실을 보면 어찌 위컴이 무례하다고만 비난할 수 있겠는가.

부끄러운 것이 또 있다. 5·18 광주민주화운동은 형식적이라도 기념식을 가짐에 반해 일제에 나라를 빼앗긴 국치일은 사람들 뇌리에서 점점 사라지고 있다.

국치일은 대한제국이 일본제국에 강제로 국권을 빼앗긴 날로 8월 29일이다. '한국 황제폐하는 한국 정부에 관한 일체의 통치권을 완전, 또 영구히 일본 황제폐하에게 양여한다'로 시작하는 한·일 병합조약은 우리나라 역사상 처음으로 민족의 정통성과 역사의 단절을 강제로 당한 치욕적인 사건으로 1910년 8월 29일 경술년에 일어난 나라의 치욕이라 하여 '경술국치'라고도 부른다. 오늘날 8월 29일이 국치일이라는 사실을 아는 사람이 과연 몇이나 될까. 한·일 병합 100년이 되는 2010년에 한국인과 일본인 200여 명이 서울과 도쿄에서 1910년 체결된 한·일 병합조약은 원천 무효라고 동시에 선언하는 행사를 갖기도 했다. 그렇지만 해마다 8월이면 돌아오는 국치일을 기억하고 역사적 교훈으로 삼아 다시는 국치를 당하지 말자며 다짐하는 전 국민적이고 국가적인 행사는 없다. 언제부터인지 달력에도 아예 국치일 표시가 없다.

망국의 국치일을 없애고 잊어버린다고 그 역사적 사실도 사라질까? 그래서 우리를 보는 중국과 일본의 시선이 달라지기라도 할까?

우리는 국치를 당하고도 덤덤하기만 하다. 우리는 국치일조차 되새기지 못하면서 일본에게 무슨 과거사를 사과하라고 하는 것일까? 오히려 그들은 우리를 보고 고난의 역사가 주는 교훈을 거부하는, 무엇을 중히 여기고 무엇을 부끄러워해야 하는지를 모르는 못난 사람들이라고 경멸할 것이다. 국치일에 아무 행사를 못 하는 것인지 안 하는 것인지 알 수 없으나 치욕스런 현상임은 분명하다.

개인적 이익과 관련된 것에는 지극히 예민하게 따지면서 나라의 존망이 걸렸던 역사적 사건에는 무지하고 관심도 없이 비루하게 산다면 어찌 제대로 된 국민이라 할 수 있을까? 밥만 먹고 산다고 사람이라 하지 않는다. 우리는 진정 무엇이 부끄러운 것인지 제대로 알아야겠다.

한반도
 통일의
  주역이 될
   우리에게

    역사는

     말한다.

제3편

역사가 주는 교훈

1. 세상에 공짜는 없다

처절했던 6월 민주화운동의 결실로 1987년 10월 29일 개정 공포된 현행 헌법 전문은 '유구한 역사와 전통에 빛나는 우리 대한국민은 3·1운동으로 건립된 대한민국임시정부의 법통과 불의에 항거한 4·19민주 이념을 계승하고(…)'로 하여 대한민국의 정통성이 임시정부에 있음을 밝히고 있다.

1945년 해방을 맞은 대한민국임시정부의 주석은 평생을 조국 광복운동에 바친 백범 김구 선생이다. 그런데 이제는 백범 김구 선생을 두고 대한민국 건국과 관계없다고 떠드는 세상이 되었다.

해방 후 친일행위자를 개인의 정치적 야욕으로 청산하지 않은 정략적인 인물 이승만을 국부라고 부르자는 친일 주구단체가 조직적으로 대한민국 건국은 1919년이 아닌 1948년이라고 주장하며 대한민국의 헌법정신을 부정하고 있다.

어쩌다 해방은 되었으나 우리 힘에 의한 해방이 아니었으니 오늘날 대한민국의 정통성을 부정하는 친일 주구, 그들이 대한민국을 건국했다고 궤변을 늘어놓고 있는 것이다.

그들이 주장하는 건국 1948년에는 커다란 함정이 있으니, 1919년에 건국하여 일제에 항거한 대한민국의 정통성을 부정하고 친일 주구들이 대한민국을 건국한 것으로 포장하려는 것이다.

그리하여 북한의 존재를 배제하여 민족의 분열과 한반도의 분단을 영구화하고, 1910년부터 1948년 8월까지 38년은 국권상실기 또는 국정단절기이니 매국노 친일파의 죄상을 대한민국 역사에서 제외하려는 것이다.

이를 달리 말하면, 그들은 우리 한민족이 일제의 식민지 지배를 받으며 노예살이를 한 것은 당연하다는 것이다. 그럼에도 분노할 줄 모른다면 우리의 의식이 천박하다는 것밖에 달리 무슨 말을 하겠는가.

그들이 국부로 부르자는 이승만은 한국전쟁 때 혼자 서울을 빠져나와 대전으로 도망갔다. 라디오에는 서울을 사수하겠다는 녹음기를 틀어놓은 채…. 그리고 한강교를 조기 폭파하면서 후퇴하지 못한 수만 명의 국군장병과 엄청난 군 장비의 손실로 대한민국 국군을 결정적으로 와해시켰다.

또 보도연맹사건과 국민방위군사건으로 수십만 명의 양민을 학살하였으며, 오로지 자신의 집권연장을 위해서 전쟁 중에 개헌을 하기도 했다.

혼자 야반도주했던 이승만 정부가 서울 수복 후 돌아와서는 피난가지 못했던 사람들 중에서 상당수를 부역자로 몰아 처형한 것과 보도연맹 학살사건 등은 친일 주구들이 반공을 외치는 체하며 눈엣가시였던 광복운동가들을 반정부혐의 또는 좌파 빨갱이 누명을 씌워 처형한 것으로, 그것은 나라와 민족을 팔아먹은 자신들의 죄업을 숨기고 왜곡할 목적이었다는 것이 통설이다.

무엇보다도 평생을 조국 광복운동에 몸 바친 대한민국임시정부 주석 백범 김구 선생을 암살한 범인이 범행 후에 처벌은커녕 승승장구한 것을 보면 더러운 권력자의 비호를 받았음을 알 수 있다.

일제는 김구 선생을 제거하고자 온갖 방법을 동원하였으나 실패하자 마침내 현상금 60만 원까지 내걸었었다. 그런 분이 해방된 조국에서 동포의 손에 암살되었으니 일제를 대신한 그들을 어찌 친일 주구라고 하지 않겠는가?

이처럼 이승만은 공로보다 허물이 훨씬 많은 사람이다. 일본군 부대를 탈출한 후 6천리 길을 걸어 임시정부를 찾아 광복군이 되었던 김준엽 선생은 "민족을 배반한 것이 죄가 안 되고 부끄럽지 않은 나라에서 다른 무엇이 죄가 되겠습니까?" 하며 한탄하였다.

나라와 민족을 생각하는 개념이 없거나 부족해 보이는 대신 당리당략과 사리사욕은 차고 넘치는 이들 친일 주구단체의 술책은 분열과 갈등 조장이다. 그들은 신문, 잡지, 영화, TV, 인터넷 등을 이용한 대중조작으로 지역감정을 일으켜 사람들이 정치를 혐오하게 하며, 종북 타령과 왜곡된 색깔 논쟁으로 국론을 분열시키고, 남·북 간 긴장과 갈등 조장으로 분단 고착화를 획책하고 있다.

보수의 가면을 쓰고 있으나 실상은 대한민국의 정통성을 부정하는 친일 주구들인 그들은 한국인을 자주독립국의 국민이 아니라 특정 나라를 사대하는 속민으로 보며, 그 사실이 조금이라도 퇴색될 기미가 보이면 이를 각인시키기 위한 대중조작을 일정한 스케줄에 따라 반복적으로 연출하고 있다.

그때 우리는 친일 주구에 의한 매국의 역사를 청산하지 못했으니 이제 그들 무리가 분단 고착화와 독재로 만든 조어 '한국적 자유민주주의'라는 미명 아래 제 세상을 만난 장마철 독버섯처럼 마구 피어나고 있는 것이다.

유감스럽게도 수백 년을 사대주의로 살아온 우리에게 자주적이지 못하고 의식이 병들었음을 보여주는 사례는 매우 많다.

2차 세계대전 때 카이로 회담에서 한국을 일제로부터 독립시키기로 약속하였으나 그에 호응하는 한민족의 대규모적인 대일본전 참전이 없었다. 소수의 광복운동가를 제외한 대부분 사람들은 일제 치하에서 신음하면서도 적극적인 저항을 포기한 채 그저 '백마 타고 오는 초인이' 나타나서 구해주기를 기다렸다.

아시아태평양전쟁 때 상해임시정부, 광복군 등이 일제와 싸웠으나 연합국에게 특별한 존재 의미를 주지 못했다. 오히려 많은 한국인이 일본군으로 참전하였으니 식민지 사람 된 비극이었다. 그 사람들 역시 반일 감정을 가지고 있으면서 어쩔 수 없이 일본군이 된 것이라고 하지만 연합군의 동정을 받기는 어려웠다.

오히려 전쟁이 막바지에 이르자 일제의 회유와 협박에 굴복하고 광복의 길을 포기한 인물들이 나팔수로 나서서 일제에 충성을 다짐하며 내선일체를 부르짖었다.

이 시기 한국인은 독립은커녕 철저하게 일제에 의해서 황민화를 강요받았고 침략전쟁의 소모품 신세에 불과하였다. 그리고 1945년 8월 일제의 패망으로 간신히 해방을 맞았으나 광복을 위해서 싸웠던 임시정부 요인들은 마치 부끄러운 일을 한 사람처럼 개인자격으로 몰래 귀국하였다. 우리 힘으로 쟁취한 해방이 아니기 때문이었다. 그렇게 일제의 식민지 지배 기간이 너무 길면서 한민족의 운명은 꼬일 대로 꼬여버렸다.

패전하여 항복했음에도 서울의 일본군은 1945년 9월 8일 미군이 진주할 때까지 무장해제를 않고 그대로 주둔하였고, 미군은 한반도의 해방군이 아닌 점령군으로 진주하였다.

또 총독부의 일본인 관료는 11월까지 행정을 장악하고 있다가 대한민국임시정부가 아니라 미군에게 인수인계했다.

이후 남과 북은 따로따로 정부를 세웠고, 남한은 정략적인 인물 이승만의 정치적 야욕으로 친일 주구들을 청산하지 않았다. 그 후 동족끼리 처참한 전쟁으로 군인보다 민간인이 더 많은 희생을 치렀고, 군 작전권도 미군에 넘겼으며, 휴전협정서에 서명을 안 한 것인지 못 한 것인지 우리는 제외되었다. 나라와 민족에 관련된 일에 있어 매사가 이런 식임에도 우리는 이를 심각하게 보지 못한다.

신탁통치의 반대와 찬성이 남·북 분단의 원인이었을까? 남쪽은 미국의 지지와 함께 신탁통치를 반대하고 북쪽은 소련의 지시에 따라 신탁통치를 찬성했기 때문에 한반도가 분단되었을까?

> 신탁통치는 미국의 제안이었다. 1945년 12월 미·영·소 3국 외상이 참석한 모스크바 3상회담 결정은 조선임시정부 수립을 선결과제로 제시하였지만 미국의 신탁통치 제안도 받아들인 일종의 절충안이었다.
>
> 그것은 '미·소 공동위원회 설치, 미·소 공동위원회와 한국의 정당·사회단체가 협의하여 조선임시정부 수립 권고안 제출, 미·영·중·소 4국 심의, 조선임시정부 수립, 조선임시정부는 미·소 공동위원회 밑에서 구체적인 신탁통치 협정서 작성에 참가, 4국의 신탁통치협정 공동심의라는 절차를 예상하였다. 여기서 조선임시정부 수립안이나 신탁통치협정은 모두 미·소 등 4국이 심의하기로 되어 있었다. (출처:위키백과)

3상회의 결정만으로 볼 때 남·북한이 분단되지 않을 수 있었던 것처럼 보인다. 그러나 후속조치로 열린 미·소 공동위원회가 형식적으로 몇 차례 회의를 가졌으나 아무런 성과를 거두지 못하고 해산한 것을 두고 볼 때 그것은 미국과 소련이 그들의 흑심을 숨기기 위한 '빛 좋은 개살구'에 불과했음을 알 수 있다.

신탁통치를 두고 이승만과 한민당은 미군정의 지시에 따라 미국은 '반탁', 소련은 '찬탁'이라고 사실을 왜곡하여 국론을 분열시켰다. 그렇게 한반도는 남과 북으로 갈라졌다.

혹시 남쪽과 북쪽이 모두 모스크바 3상회의 결정을 받아들였다면 분단을 면했을까? 그래도 분단은 피할 수 없었으리라.

한반도는 미국과 소련이 일본과 싸워 승전한 대가로 쟁취한 전리품이었다. 38선은 한반도가 폴란드 · 헝가리 · 체코 등 동유럽 여러 나라의 공산화와 독일 · 베트남 · 파키스탄 등의 분단과 함께 강대국이 약소국을 자기들 이익에 따라 마음대로 처리한 전리품에 불과했음을 보여주는 증거이다.

미국과 소련이 특별히 한국만 곱게 보아 자기 나라 젊은이들의 피의 대가인 식민지배의 이익을 포기할 이유는 전혀 없었다.

미국과 소련이 마음내로 그은 38선은 전쟁의 원인이 되었다. 김구 선생이 끝까지 분단을 반대한 것은 전쟁, 곧 동족상잔의 비극을 반대한 것이었다. 승자도 패자도 없이 막대한 희생만 치른 비극적인 한국전쟁은 우리 민족에게 씻을 수 없는 상처를 남겼다.

아마 앞으로도 한반도에서 전쟁이 또 일어난다면 승자도 패자도 없이 한민족이 그 피해만을 고스란히 떠안는 그런 상황이 재현될 것이다. 한반도를 둘러싼 미 · 러 · 중 · 일 4국은 남 · 북한 어느 누구의 승리도, 통일도 원하지 않기 때문이다.

부끄럽게도 이 민족적 비극은 우리가 못난 탓이었다. 어쩌다 해방이 된 우리는 지금까지 식민지 노예의 멍에를 벗어버리지 못하고 있으니 중국과 일본의 조롱과 비웃음을 받는 것이다. 자책과 반성, 뼈를 깎는 노력도 없이 어찌 그냥 저절로 식민지 노예에서 해방되었다고 할 수 있을까?

남·북 분단의 고착화는 곧 한민족의 말살임에도 우리는 같은 겨레인 북의 주민을 위한 친북인지, 북 정권을 위한 종북인지 구분 못 하고 민족 이간질에 휘둘려왔다. 언제까지 국토가 분단된 상태로 중국과 미국이 서로 자기의 속국이라고 주장하는 처지 아래에서 일제의 식민지배가 은혜였다는 친일 주구의 조롱을 받으며 비루하게 살 것인가? 우리는 자주권을 드높여 통일조국의 한길로 나아가야 할 것이다.

역사를 보면, 외세를 불러들인 신라에 의해 백제와 고구려가 멸망하면서 우리의 강역은 왜소해졌다. 고구려와 백제의 유산을 감당할 수 없었던 신라가 쇄국정책으로 고구려·백제의 유민과 한반도 밖의 옛 땅과 바다를 포기하면서 우리는 약소민족으로 전락하였고 마침내 중국과 일본의 멸시와 속박을 받는 지경에 이르렀다.

이런 역사적 사실을 외면한 채 남한만 잘살면 그만이라며 남·북 분단고착화를 주장하는 것은 일제가 한민족을 말살하려 하였던 음흉한 술책 바로 그것이다. 남·북한이 합쳤어도 힘이 약했었는데 남한만의 왜소한 힘으로 우리가 자주적인 체한들 얼마나 자주적이겠으며 또 얼마나 잘살 수 있을까? 그러므로 안보를 정략적으로 이용하고 친북이니 종북이니 흑백논리로 국론을 분열시키며 백해무익한 지역갈등으로 국민이 정치를 혐오하게 하는 무리는 결코 나라와 민족의 미래를 위한 존재가 아니다.

우리는 외세에 의존하다 망국으로 노예가 되었고 분단까지 된, 아주 쓴 맛을 본 민족이다. 중국과 일본을 비롯한 주변 강대국들은 우리의 통일을 원하지도 않고 도와주지도 않음을 우리는 똑똑히 알아야겠다.

어느 나라가 남의 나라를 위해서 공짜로 피를 흘리겠는가? 세상에 공짜는 없다. 이것은 역사가 우리에게 주는 준엄한 가르침이다.

2. 나라의 우환거리

한국의 정당들은 그 수명이 극히 짧기로 유명하다. 그 원인은 정책 중심이 아니라 특정인을 중심으로 모였다가 흩어지기를 반복하는 패거리 삼류정치에 있음은 널리 알려진 사실이다.

정치적 소신이라곤 전혀 없이 자신의 이익만을 좇아서 이 당 저 당 옮겨 다니는 인물을 '철새 정치꾼'이라고 부른다. 그런데 이런 삼류정치에 멍석을 깔아주고 저질 국회의원을 뽑아주는 국민에게는 아무런 책임이 없는 것일까?

대부분 사람은 투표할 땐 몰랐다고 말하지만 이제 세상이 변했다. 오늘날 사람들은 휴대폰, 컴퓨터 등 통신기기의 발달로 온갖 정보를 쉽게 접할 수 있다. 그래서 어느 정치인이 나라와 국민을 위해서 행동하였는지 아니면 당리당략 또는 개인적 이익을 좇아서 행동하였는지 늦어도 그다음 날이면 다 안다.

온갖 정보를 종합하여 날카로운 비평가가 된 국민을 보면, 지역감정이나 부추기고 악용하며 갖은 특권 속에 시시덕거리는 정치꾼들이 마치 애국자인 양 국민을 우롱하던 시대는 끝나가고 있음을 알 수 있다.

국회의원은 자기 돈 한 푼 들이지 않고도 4급에서 9급, 인턴에 이르기까지 최대 9명의 보좌관을 둘 수 있다. 이 보좌관은 일반 기업에서의 부하직원과는 그 의미가 다름은 말할 필요도 없다. 참으로 대단하다고 하지 않을 수 없다.

우리나라 국회의원이 얼마나 대단한 존재인지를 보여주는 사례로 '노 룩 패스(No look pass)'라는 말이 있다.

어느 국회의원이 공항 입국장에서 자신의 보좌관으로 보이는 사람에게 여행용 가방을 마치 농구공을 패스하듯이 시선은 다른 방향으로 한 채 밀어 보내는 꼴을 풍자한 말이다. 이 일로 한국 국회의원의 후진적인 특권의식과 차별의식이 전 세계의 언론을 타면서 웃음거리가 되었다. 부끄럽게도, 그가 현직 국회의원인 관계로 그를 지지한 한국인의 의식수준도 함께 웃음거리가 되었음은 물론이다.

어느 여성 국회의원은 국민을 분노케 하는 배짱도 대단했다. 그녀는 자신의 동생을 5급 비서관에, 딸을 인턴 비서로 채용하고, 친오빠는 후원회 회계 책임자, 남편은 후원회장으로 활동케 하는 등 온

가족이 국회의원직을 중심으로 마치 여름 한 철 나무에 달라붙어 진을 빨아먹는 매미들 같았다는 사실이 알려졌다.

그런데 놀랍게도 당에서는 그녀의 이런 갑질을 이미 알고 있으면서 20대 국회의원 선거에 공천을 했고 당선되었다는 것이다. 이 건으로 여야 간에 서로 상대방을 공격하기 시작한 지 열흘 만에 여야의 20대 국회의원 보좌관 30여 명이 면직 처리되었다고 한다. 그야말로 어느 놈이 검은 까마귀고 흰 까마귀인지 도무지 종잡을 수가 없다.

부패와 비리로 얼룩진 정상배들이 많고 많지만 나라의 첫째가는 우환거리는 저질 삼류정치이고 국회의원이라며 사람들은 그저 한탄만 할 뿐이었다. 얼마 전까진 그랬다.

그런데 사람들이 변하면서 세상이 바뀌고 있다. 그것도 분명하고 확실하게 큰 흐름을 이루고 있다.

이제까지 권력이나 벼슬아치 앞이면 옳고 그름의 판단도 없이 그저 굽실거리기만 하던 민초들이 드디어 권력을 직시하기 시작했다. 즉, 국민이 맡긴 권력을 자신들의 권력욕 과시와 밥그릇이나 챙기는 데 이용하는 국회의원들이 부패의 온상이고 내 고통의 원인임을 국민이 알아채기 시작한 것이다.

점점 높아지는 시민의식과는 괴리되고 있는 국회의원의 문제점은 하나둘이 아니다. 의식 있는 국민들은 국회의원에게 특권과 특혜가 너무 많다고 비명을 지른다. 해도 해도 너무하다는 것이다.

국회의원의 특권과 특혜의 내용은 무엇일까? 불체포특권, 면책특권과 석방요구권은 국회의원에게 헌법상 보장된 특권이다. 이 특권 외에는 국회의원이 스스로 법을 만들거나 비틀어서 특혜를 누리는 것이니 입법권 남용이라 하겠다.

도대체 국회의원들의 특혜를 위해서 들어가는 국민의 혈세는 얼마일까? 세비와 정근수당, 갖가지 경비 지원과 보좌관 급여 등 국회의원 1명을 4년간 유지하기 위해 28억 2,800만 원이 소요되니 국회의원 300명에게 4년간 8,486억 원이다. 국회의원에게 늘어가는 혈세를 생각하면 온갖 특혜 속에 시시덕거리는 국회의원 300명은 너무 많다. 선거 때마다 정치개혁이니 쇄신이니 하며 국회의원 수 감축을 내세우지만 진정성이라고 전혀 없이 다만 표를 의식한 정치적 꼼수에 불과했다. 지금까지 그랬으니 앞으로도 달라질 것 같지 않다.

그런 가운데 국회의원의 특권의식을 보여주는 사례는 차고 넘친다. 그런데도 국회의원들의 출석이나 입법 활동을 강제하는 조항은 없으니 아무것도 안하고 놀아도 세비는 다 받는다. 또 장차관급 예우, 연 2회 이상 해외시찰 지원, 국유 철도와 선박의 최상등급 좌석 및 항공기 비즈니스석 이용, 공항 귀빈실 및 공항 VIP 주차장 이용, 골프장 VIP 대우, 해외 출장 시 재외공관 영접 등이 있다.

또 국회의장과 부의장, 여야의 원내대표, 18개 상임위원장들 및 각종 특별위원회 위원장들에게 지급되는 일종의 판공비로 특수활동비가 있다. 지금까지 드러난 바로는 국회운영위원장을 겸하고 있는 여당 원내대표에게는 매달 4,000만 원, 각 상임위원장에게는 매달 1,000만 원 안팎의 특수활동비가 지급되는 것으로 알려져 있을 뿐 그 규모가 정확히 얼마인지, 각자에게 얼마나 지급되고 있는지, 무슨 목적으로 어디에 사용하는지 불분명하다. 특권의식이 만든 것이다.

국회 본청에는 눈부시게 붉은 레드카펫이 깔려있다. 이것은 국회의원만 밟을 수 있고 비서와 직원, 방문객 등은 다른 길로 가야 한다. 말도 안 되는 특권의식의 반영이다.

국회의원 전용 출입구가 마련돼 있고, 국회의원 전용 엘리베이터도 있다. 역시 특권의식이 만든 것이다. 그 외에 국회 안에 있는 이발소, 미장원, 한의원, 치과, 내과, 목욕탕은 물론 의사가 상주하는 의무실도 있다.

'김영란법(부정청탁 및 금품 등 수수의 금지에 관한 법률)'이나 '주민소환에 관한 법률'에서처럼, 국회의원 그들은 여론을 무시해가며 법 적용대상에서 국회의원을 아예 제외해버리거나, 제외할 수 없는 경우에는 법조

문을 교묘하게 비틀어서 법 적용이 어렵게 만들어서 빠져나가 버린다. 주권자인 국민을 전혀 의식하지 않는 특권의식이다.

그런 데다 민방위·예비군 훈련면제에 건강보험료까지 면제받으니 국회의원은 국민적 의무와 비용부담에 모범을 보이는 게 전혀 없는 집단이다. 나라와 국민을 위해서 마땅히 해야 할 책임이나 의무를 느끼는 마음이 없거나 부족해 보이는 대신 특권의식은 이렇게 차고 넘친다.

그들이 말로는 국민을 위한다지만 국민을 위한 것은 사실상 아무 것도 없다. 진정 그들에게 "밥값 하냐?"고 묻고 싶다. 그들도 외국의 국회의원들은 출퇴근을 어떻게 하고, 보좌관은 몇 명이며 급여를 누가 부담하는지, 또 의원실 면적은 얼마이고 본회의상은 얼마나 좁고 검소한지 등등을 알고 있을 것이다.

그렇지만 그들은 특권을 줄일 움직임이라곤 전혀 보이지 않으면서 말로는 나라를 위한다, 국민을 위한다고 떠드니 가증스럽다.

게다가 '국회의원은 돈 한 푼 내지 않고 세금으로 연금을 받는다'는 비판이 일자 '국회의원연금법'이라는 법률은 없다며, '대한민국헌정회육성법'의 관련 규정을 잘못 해석하는 것이라고 한다. 한참 뒤 법을 고치는 시늉을 하였지만, 노후를 위해 빠듯한 생활비를 쪼개어 연금을 출연하는 국민을 아예 등신 취급하는 특권의식의 소산이었음은 변할 수 없다.

모두가 여당일 수 없고 모두가 야당일 수 없다. 마찬가지로 모두가 진보이거나 보수라면 병든 나라이다. 나라가 건강하지 못하면 그 피해는 고스란히 국민의 몫이다.

그런데도 건전한 정책대결은 온데간데없고 친북이니 종북이니 흑백논리로 정쟁이나 일삼으며 공익보다 사익을 먼저 챙기는 이런 부류의 인물을 선출한 것은 바로 국민이니, 투표권을 행사한 국민은 자기 손으로 자기 눈을 찌른 것이나 다름없다.

대통령제를 시행하고 있는 미국과 러시아의 국력의 백분의 일에도 미치지 못하는 이 나라의 대통령의 권한이 너무 많다며 몇몇 국회의원들이 분권형 대통령제 또는 내각제로 개헌해야 한다고 떠들기 시작했다. 그렇게만 되면 입법부와 행정부가 그들 식탁 위에 함께 차려지는 것이니 그야말로 그들만의 왕국이 이룩되는 것이다.

희생정신으로 솔선수범하여도 제대로 될까 말까 한데 지금처럼 온갖 특권과 특혜 속의 국회의원을 이대로 내버려 두면, 우리 사회는 가진 자들의 갖은 독선과 비리로 사회에 대한 불신이 독버섯처럼 자라나서 퍼질 것이다. 그에 따라 갈등의 골은 더욱 깊어져 사람 사는 세상과는 계속 멀어질 것이니 국회의원은 나라의 우환거리가 아닐 수 없다.

겨울추위를 무릅쓰고 거리로 광장으로 달려 나왔던, 2015년 말에 누적인원 1천만 명을 돌파했다는 촛불집회는 정녕 박근혜 하나 바꾸자는 것이었을까?

국회의원이 나라와 국민을 걱정하며 밤을 새우는 것이 아니라, 국민이 눈그늘을 한 채 국회의원을 걱정해야 하는 작금이다.

3. 버리지 못한 것

지난 최순실 게이트는 나라의 현실과 국민의 의식수준을 적나라하게 보여주는 사건이었다.

'이게 나라냐?' 하는 한탄과 함께 분노한 국민은 자괴감 속에서 새삼스레 권위주의, 대중조작, 분열과 갈등, 유신 잔재, 역사관, 민족관 등 박근혜 전 대통령의 자질에 대한 말들로 분분했다. 국민은 돌발사태 발생 시 어떻게 대처했는지를 물었는데 박 전 대통령 변호인들은 세월호 사고가 대통령의 책임이 아니라며 그 핵심을 흐리려고 하였다.

나라에 위급한 일이 발생하여 설혹 대통령이 세수도 하지 않고 머리를 산발한 채, 아니면 턱에 주삿바늘을 꽂고 나타난들 누가 대통령을 비웃겠는가? 분명 국민은 대통령에게 박수와 찬사를 보낼 것이며 너도나도 국가 원수에 대한 자긍심을 갖게 될 것이었다. 하지만 유감스럽게도 현실은 그렇지 못했으니, 생각이 있는 국민은 자책과 함께 자괴감에 빠져버렸었다.

권력과 권한은 다르다. 헌법 제1조 2항이 '대한민국의 주권은 국민에게 있고, 모든 권력은 국민으로부터 나온다'고 명시하고 있듯이 대한민국은 민주공화국으로 누구도 법 위에 있을 수 없음은 모두가 아는 사실이다. 대통령은 왕이 아니다. 대통령이나 국회의원은 헌법과 법률에 명기된 권한을 행사하는 것이지 권력을 행사하는 것이 아니고 행사할 수도 없다.

즉, 대한민국의 모든 권력은 국민에게 있으므로 그들은 국민으로부터 위임받은 범위 내에서의 권한을 행사하는 것이다. 따라서 권력자인 국민의 말을 듣고 따르는 것이 대통령이나 국회의원의 본분이고 그렇게 하라고 국민이 그들에게 권한과 월급을 주는 것이다.

국가 권력을 위임받은 공직자는 국민으로부터 위임받은 권한을 넘어서 권력을 사유화하거나 남용해서는 안 된다. "내가 이러려고 대통령 했나."는 국가 권력을 사유화한 사람의 표현이지, 권력은 국민에게 있고 국민으로부터 나온다는 민주주의 의식을 가진 사람의 것이 아니다. 또 국회의 탄핵소추로 총리가 대통령의 권한을 대행하는 것을 두고 총리에게 '권력 이동'이라는 표현도 틀린 것이며, 경찰청·검찰청·국세청·국정원을 두고 4대 권력기관이라 하는 것 역시 틀린 표현이다. 권력기관이라는 말은 선진국에는 없고 권력에,

권력으로 병든 대한민국에서만 쓰는 용어이다.

우리 민족에게 가장 절박한 문제는 휴전상태인 한반도 분단이다. 그런데 이를 정권의 이익을 위해서 악용하여 금방 전쟁이 터질 것처럼 안보상황이 위중하다고 떠들면서, 무슨 이유에서인지 모든 남성에게 병역의무가 있는 이 나라에서 청년 때 군에 가지 않은 인물을 총리로 장관으로 앉혔었다. 군 전시작전권은 남의 나라에 맡겨놓은 채….

우리는 외세에 의존하다 망국이라는 아주 쓴 맛을 본 민족이다. 이 역사적 교훈을 잊어버리면 우리는 결코 노예 신세를 면하지 못할 것이다. 그런데도 음흉한 정치꾼들이 안보를 정략적으로 이용하여 순수해야 할 국민의 안보의식에 해를 끼쳐왔음은 조금이라도 생각이 있는 사람이라면 다 아는 사실이다.

탄핵 반대 집회를 보면, 나라의 국기마저 정쟁의 도구로 이용되고 있다. 애국까지는 아니더라도 나라와 국민 된 가치나 품위를 조금이라도 생각한다면 나라를 상징하는 국기를 그런 장소에서 남의 나라 깃발 아래 매달고 흔들지 않을 것이며, 코 푼 뒤의 휴짓조각처럼 가방에 마구 쑤셔 넣지도 않을 것이다.

그들은 우리나라가 자주독립국임을 부정하고, 민족의 얼과 국권의 정통성을 경멸하는 행동을 하고 있는 것이다.

기가 막힐 일이지만 '한 나라의 정치 수준은 그 나라 국민의 평균수준을 넘지 못하는 것'이니, 그 절반의 책임은 자신이 나라의 주인이며 권력의 주체인 줄 모르고 전근대적인 '관존민비' 의식에 빠진 국민에게 있다. 즉, 대통령으로서의 자질을 냉철하게 판단하지 못한 국민의 잘못이고 책임인 것이다.

최순실 게이트가 우리에게 주는 교훈은 무엇일까? 그것은 백성이 아닌 지배층을 위한 이념이었던 유교의 폐해, 즉 충·효로 포장된 권위주의 통치방식에 길든 우리가 오로지 벼슬아치를 최고로 알아 노예처럼 숭배하고 굴종하는 '관존민비' 사고로 병들어 있다는 것이다.

절대 권력자를 위해 국민의 기본권을 희생시키던 유신체제는 매우 악질적인 통치였다. 그런데도 유신헌법을 만든 인물을 비서실장에 앉히고 국정을 운영할 수 있었던 것, 오늘날 새 정치를 하겠다는 정상배들이 자칭 '나는 유신의 잔당이 아니라 본당'이라던 유신의 잔재를 찾아가서 머리를 조아리는 것, 정체를 알 수 없는 여인이 그 똑똑하다는 참모들을 허깨비로 만들며 국정농단을 할 수 있었던 것, 그리고 김일성일가가 세습 통치하는 노예사회인 북한의 현실 역시 그 맥락을 같이 하니 사람들의 의식이 '관존민비'로 병들어있다는 것 외에 달리 무엇으로 설명할 수 있을까? 그들이 천박한 만큼 너도나도 천박하니 참으로 자괴감이 든다.

우리는 왜 벼슬아치를 병적으로 숭상할까? 조선에서 과거시험은 벼슬과 부를 얻는 유일하고 절대적인 길이었다.

양반가의 자식은 5살부터 과거시험 준비에 들어갔으며, 3대가 연속하여 과거에 급제하지 못하면 평민으로 추락하니 수단방법에 불구하고 뇌물로라도 합격하여 양반이라는 가문의 자리를 지켜야 했다.

자기 대에서 가문이 평민으로 추락했다는 불명예는 자식 된 도리로서 견딜 수 없는 일이 아닐 수 없었다. 이 때문에 평생을 과거시험에 매달리다 인생을 허비하는 사람이 하나둘이 아니었다.

조선에서는 벼슬을 못 하면 실패한 인생이었다. '팔자를 고친다'는 말이 있다. 제사 지낼 때 지방을 쓰는데, 부친인 경우 '현고학생부군신위((顯考學生府君神位)' 여덟 글자이다. 벼슬이 없는 경우 지방에 '학생'이라 쓰고, 벼슬을 한 사람인 경우에는 '학생' 대신에 '관직'을 쓴다. 즉, 벼슬을 하게 되면 8자를 고치는 것이다. 이렇게 우리는 죽어서도 벼슬타령이다.

중국과 일본은 오래전에 내다버린, 양반·평민·천민으로 사람을 구분하던 신분제와 제사 등 백성이 아닌 지배층을 위한 이념이었던 유교의 어두운 그늘이 아직도 우리 생활 곳곳에 똬리를 틀고 있다.

얼마 전에 교육부 공무원이 기자들 앞에서 '99% 민중은 개·돼지이니 배만 부르게 해주면 된다', '신분제를 공고화시켜야 된다'는 발언을 하여 세상이 시끄러웠다.

우주개발시대에 아직도 신분제라니…. '행정'을 '통치'로 잘못 인식하고 있는 것 같은 그는 전근대적 '관존민비' 의식을 드러내고 말았다.

우리의 의식이 전근대적임은 집집마다 지내는 제사를 통해서도 어렵지 않게 확인할 수 있다. 중국을 사대하던 조선 사람들은 신분제에 묶여서 제사도 마음대로 지낼 수 없었다. 조선조 500년 동안 사람들은 신분에 따라서 조상에 대한 제사도 4대조, 3대조, 2대조 하며 달랐다. 그러다가 1894년 갑오경장 이후 신분세도가 철폐되었고, 1909년 3월 민적법이 시행되면서 그때까지 성씨가 없던 사람들 모두가 성씨를 갖게 되었다.

양반이 되고자 하는 열망이 강했던 사람들에게 가장 인기 있는 성씨는 몰락한 왕가와 옛 세도가의 성씨였다.

우리는 신분제를 철폐한 것이 아니라 모두가 번듯한 족보를 지닌 양반으로 신분이 변했다.

이렇게 우리는 원한다면 모두 당상관처럼 4대까지 제사를 지낼 수 있게 되었고, 지금도 4대조 제사를 지낸다며 1년 내내 제사로 바쁜 집이 하나둘이 아니다. 심지어 명절에도 조상 제샷날처럼 제사를 지내고, 무신론자들도 조상 제사만큼은 끔찍이 지낸다.

조선은 백성이 아닌 지배층을 위한 이념, 유교의 나라였다. 주체적이지 못하고 늘 외세에 빌붙어 한때의 편안만 찾던 사대주의, 관료를 존대하고 백성을 낮춰보는 관존민비, 남을 이유 없이 억압하고 지배하는 서열의식과 가부장적 권위주의, 위선을 부추기는 허례허식, 능력이 아니라 지연·혈연·학연이나 따지는 폐쇄성, 여성을 차별하는 남성 우월주의, 창의성을 죽이는 암기식 교육 등 유교만이 유일한 사상이고 통치 이념으로 한 나라가 조선이었다.

조선왕조는 과학기술과 장인정신을 천시하고 제사에 매달리면서 나라와 백성을 질곡의 나락으로 떨어뜨리고 말았다. 제사에 열심이던 그 조선은 100년 전 외세에 의해서 망했다. 변화를 거부하던 그 사상과 국력의 열세로 조선은 제대로 싸워보지도 못하고 일본에게 국권을 빼앗기는 치욕을 당한 것이다.

중국이나 일본보다 한참 늦었지만 유교의 수명은 그때 끝났었다. 우리가 조금이라도 제정신을 가졌더라면 통절한 반성과 함께 무엇이 잘못되었지 그때 이미 알았을 것이다.

그러나 사람들은 지금도 '관존민비'를 버리지 못하고 있다. 이름난 유적지마다 그 잘난 송덕비가 경쟁적으로 세워져있는 것을 비롯하여, 일제 치하에서 벼슬한 것을 부끄러워하지 않는 것은 물론, 어쩌다 장관자리에 있었거나 시장·군수이었으면 그가 일을 잘하고 못하고는 따지지도 않고 늙어죽을 때까지 장관이고 시장·군수라고 부른다.

다행스럽게도 최순실 게이트로 촉발된 촛불 집회는 많은 사람들이 '관존민비' 의식에서 깨어나 있음을 보여주었다.

분노한 시민들이 전국 곳곳에서 거리로 뛰쳐나왔으나 촛불집회는 비폭력적이고 평화적인 시위였다.

우리는 촛불 집회를 통해서 국민을 통치의 대상으로만 보는 구시대의 퇴물인 권위주의적 정치는 더 이상 용납이 안 된다는 것, 정치를 하려면 이제는 특권의식 대신에 자기희생을 정치이념으로 바꾸어야 한다는 것, 종북·좌파·지역감정 등 해괴한 막말로 국민의 순수를 악용하여 갈등을 조장하고 선동하던 그런 시대는 끝났다는 것을 알게 되었다.

2017년 5월 문재인 대통령이 취임한 후 핵실험과 대륙간탄도미사일을 시험 발사하며 대결로 치닫던 남북관계에 변화의 조짐이 보이기 시작했고, 2018년 4월 27일 판문점에서 역사적인 남북정상회담이 열렸다.

　남과 북은 정상회담을 마치고 전 세계 언론 앞에서 한반도의 완전한 비핵화, 종전선언과 항구적 평화체제 구축, 군사적 충돌 방지 합의를 담은 '판문점 선언'을 발표했다. 불확실한 남·북한의 미래이지만 민족 상생의 첫걸음이 시작된 것이다.

　그렇지만 통일은 아직 요원해 보인다. 미국과 중국의 패권 다툼과 북한의 어렵고 낙후된 실정을 고려하면 우리의 갈 길은 멀고도 험하다. 평화협정을 맺고, 경제교류도 활발해지고, 남·북한의 사람들이 자유롭게 왕래하고, 서로의 방송을 아무런 제약 없이 시청할 수 있을 때, 그때 통일로 가는 걸음이 겨우 시작되었다고 할 수 있을 것이다.

　우리는 반만년 역사라고 자랑한다. 그렇다면 반만년 역사가 우리에게 주는 의미는 무엇일까? 우리는 역사가 주는 교훈을 제대로 배우고 있는 것일까?

　지난 1세기를 돌아보면, 우리 겨레는 망국과 분단, 전쟁 등을 거치며 말할 수 없는 고통과 수치, 절망과 분노 속에서 한 맺힌 삶을 살아야 했다. 이제 시대의 변화와 함께 분단 1세기가 다가오고 있다.

　우리는 고구려, 백제, 신라의 삼국체제가 너무 길게 지속되면서 통일에 큰 대가를 치렀음을 잊지 말아야겠다. 만약 우리가 이런 역사를 잊어버리고 이번 기회를 놓친다면 우리의 민족적인 혼을 잃게 되는 것은 물론 중국과 일본을 비롯한 다른 나라의 손가락질을 받게 된다는 사실도 명심해야겠다. 그러므로 우리는 민족의 분단을 끝내려는 남북화합과 통일을 정쟁거리로 삼아 세월을 허송해서는 아니되겠다.